écho junior

B1 méthode de français

Cahier d'activités

J. Girardet
J. Pécheur

CLE
INTERNATIONAL

www.cle-inter.com

Crédit photographique

Page 31 : **g** : ph © Maksym Yemelyanov – Fotolia
milieu g : ph © CenturionStudio.it <http://CenturionStudio.it> – Fotolia
milieu : ph © olavs – Fotolia / **milieu d** : ph © bloomua – Fotolia
d : ph © Piotr Pawinski – Fotolia

Direction de la production éditoriale : Béatrice Rego

Marketing : Thierry Lucas

Édition : Christine Ligonie

Conception graphique : Miz'en Page / Domino

Couverture : Miz'en Page / Griselda Agnesi - Dagmar Stahringer

Mise en pages : Domino

Studio d'enregistrement : Vincent Bund

Sommaire

N. B. Les activités d'écoute du DVDRom sont signalées par 🎧 .

Leçon 1   Que s'est-il passé ?

Tu vas apprendre à :

- comprendre un fait divers ;
- raconter un événement ou une anecdote ;
- exprimer l'intérêt ou l'indifférence ;
- reconnaître quelques faits marquants de l'histoire récente de France.

Travaille à partir des pages Forum

Vocabulaire

accident (n.m.)	mort (n.m.)	dévaster (v.)
adolescent (n.m.)	permis de conduire (n.m.)	empoisonner (s') (v.)
alpiniste (n.m.)		
arme (n.f.)	pistolet (n.m.)	enlever (quelqu'un) (v.)
assassinat (n.m.)	prison (n.f.)	
autorisation (n.f.)	résine (n.f.)	fabriquer (v.)
avalanche (n.f.)	revolver (n.m.)	faire face à (loc. verb.)
bagarre (n.f.)	sursis (n.m.)	
blessé (n.m.)	tempête (n.f.)	incendier (v.)
cambriolage (n.m.)	tremblement de terre (n.m.)	interpeller (v.)
circulation (n.f.)		interrompre (v.)
collègue (n.m.)	victime (n.f.)	kidnapper (quelqu'un) (v.)
contresens (n. m.)	violon (n.m.)	
couteau (n.m.)	voie (n.f.)	mettre le feu (loc.)
danger (n.m.)	vol (n.m.)	
dommage (n.m.)	démuni (adj.)	noyer (se) (v.)
don (n.m.)	désaffecté (adj.)	placer en garde à vue (loc. verb.)
emploi (n.m.)	judiciaire (adj.)	
enquêteur (n.m.)	préalable (adj.)	prêter (v.)
éruption (n.f.)	assassiner (v.)	retirer (v.)
fêtard (n.m.)	blesser (v.)	saisir (v.)
fusil (n.m.)	brûler (v.)	transporter (v.)
incendie (n.m.)	cacher (v.)	tuer (se) (v.)
inondation (n.f.)	cambrioler (v.)	tuer (v.)
intérêt (n.m.)	condamner (v.)	gravement (adv.)
massif (n.m.)	dérober (v.)	
meurtre (n.m.)	détruire (v.)	

Apprends le vocabulaire

1   Donne un titre à chacune de ces informations.

Exemple : a. *Un homme sans emploi a été condamné à neuf mois de prison.*

→ *Condamnation à neuf mois de prison d'un homme sans emploi*

b. Le Crédit agricole a fait un don d'un million d'euros aux Restos du Cœur.

→ ....

c. Les enquêteurs de la police judiciaire ont interpellé un automobiliste.

→ ....

d. La circulation des trains entre Carcassonne et Montpellier a été interrompue.

→ ....

e. Les gendarmes ont saisi le matériel prévu pour une free-party.

→ ....

2   Du verbe au nom. Trouve un nom correspondant au verbe et place-le dans la colonne correspondante.

condamner – prêter – retirer – cambrioler – assassiner – fabriquer – tuer – enlever (quelqu'un) – incendier – tuer (se) – noyer (se) – empoisonner (s') – détruire – dévaster

suffixe –(e)ment	suffixe –tion	suffixe –ade/–age	autres cas
....	....	....	....
....	....	....	....
....	....	....	....

3   Cherche l'intrus.

a. une tempête – un tsunami – un incendie – une inondation

b. un assassinat – un vol – un meurtre – une tuerie

c. un pistolet – un revolver – un fusil – une victime

d. un empoisonnement – un orage – un enlèvement – un accident

e. le blessé – la victime – le mort – le voleur

Vérifie ta compréhension

4   Relis les informations des pages 22 et 23. Relève les mots qui appartiennent au thème de la justice.

a. noms : *une prison,* ....

b. verbes : *condamner,* ....

c. adjectifs : ....

Leçon 1 Que s'est–il passé ?

5 Les emplois figurés. Complète avec les mots suivants :

une avalanche – brûler – inondé – blessé – une tempête.

a. Depuis quelque temps ma messagerie est .... de spams.

b. Le film a reçu .... de mauvaises critiques.

c. Il est mort : il .... sa vie par les deux bouts.

d. Le spectacle s'est terminé sous .... d'applaudissements.

e. Tu l'as critiquée, elle a été .... par tes propos.

Travaille à partir des pages Outils

Vocabulaire

contrat (n.m.) ....
entraînement (n.m.) ....
équipe (n.f.) ....
victoire (n.f.) ....
battre (v.) ....
contacter (v.) ....

gagner (v.) ....
marquer (v.) ....
mener (v.) ....
signer (v.) ....
sortir (v.) ....
vendre (v.) ....

Travaille la forme passive

 1 Mets les mots soulignés en début de phrase.

À l'école hôtelière

Exemple : a. *Le chef a imaginé <u>le menu</u>.* ➜ *Le menu a été imaginé par le chef.*

b. Les élèves de l'école ont préparé <u>le repas</u>.

➜ ....

c. Un pâtissier italien a élaboré <u>les desserts</u>.

➜ ....

d. Les élèves de l'école servent <u>le repas</u>.

➜ ....

e. On apprécie <u>les plats inspirés de la cuisine du Maghreb</u>.

➜ ....

f. Les invités applaudiront <u>toute l'équipe</u>.

➜ ....

2 Reformule les phrases suivantes en utilisant la forme « se faire + verbe » et en commençant par le mot souligné.

Vacances ratées

Exemple : a. *Sur la route la police <u>nous</u> a arrêtés.* ➜ ***Nous nous sommes fait arrêter par la police.***

b. Au camping, le voisin a agressé <u>Pierre</u>.

➜ ....

c. On <u>m</u>'a volé mon portable.

➜ ....

d. Heureusement un ami <u>nous</u> a prêté sa carte de téléphone.

➜ ....

e. Au retour la voiture est tombée en panne. Un chauffeur de camion <u>nous</u> a conduit au village voisin.

➜ ....

Précise le moment

3 Préparation du spectacle de fin d'année. Complète à l'aide du tableau, page 25.

Nous avons fait la dernière répétition à l'école le 14 juin.

La .... nous avons répété et .... on a fait les essais de costume.

.... on est passé au théâtre pour les essais d'armes.

La .... nous avions fait une semaine de mise au point du spectacle avec tous les participants.

.... nous sommes allés rencontrer les musiciens et .... nous irons rencontrer le chorégraphe.

.... nous répéterons pour la première fois sur la scène du théâtre.

Nous pourrons répéter là jusqu'à la fin de ....

Nous aurons la première représentation du spectacle ....

JUIN

mardi 1	....		**mercredi 16**	*travail avec le chorégraphe*
mercredi 2	*mise au point du spectacle*		**jeudi 17**	*première répétition sur la scène du théâtre*
jeudi 3	....		**vendredi 18**	....
vendredi 4	....		**samedi 19**	....
samedi 5	....		**dimanche 20**	....
dimanche 6	....		**lundi 21**	....
lundi 7	*essais d'armes*		**mardi 22**	....
mardi 8	....		**mercredi 23**	....
mercredi 9	....		**jeudi 24**	....
jeudi 10	....		**vendredi 25**	*Première du spectacle*
vendredi 11	....		**samedi 26**	....
samedi 12	*essais de costumes*		**dimanche 27**	....
dimanche 13	*répétition*		**lundi 28**	....
lundi 14	*dernière répétition à l'école*		**mardi 29**	....
mardi 15	*rencontre avec les musiciens*		**mercredi 30**	....

Leçon 1 — Que s'est-il passé ?

Entraîne-toi à l'oral à partir des pages Échanges

Vocabulaire

article (n.m.) ....
bénéfice (n.m.) ....
célébrité (n.f.) ....
conférence (n.f.) ....
désordre (n.m.) ....
dossier (n.m.) ....
emploi (n.m.) ....
exposition (n.f.) ....
mobilisation (n.f.) ....
rédaction (n.f.) ....

syndicat (n.m.) ....
textile (n.m.) ....
vente (n.f.) ....
délocaliser (v.) ....
détester (v.) ....
intéresser (s') à… (v.) ....
moquer (se) (v.) ....
sauver (v.) ....
supprimer (v.) ....
effectivement (adv.) ....

Prononce

 1 Écoute et coche.

	[k]	[g]
a.		
b.		
c.		
d.		
e.		
f.		

2 *Un fait divers.* Écoute et note les mots contenant les sons [k] et [g].

	[k]	[g]
a.		
b.		
c.		
d.		
e.		
f.		
g.		
h.		

Parle

3 Transforme ces titres de presse comme dans l'exemple.

Exemple : a. *L'Espagne a gagné la Coupe du monde de football.*
➜ *La Coupe du monde de football a été gagnée par l'Espagne.*

b. 19 millions de spectateurs ont vu le film *Intouchables*.

➜ ....

c. Le maire a inauguré le nouveau stade.

➜ ....

d. Jean Dujardin a remporté l'Oscar de la meilleure interprétation.

➜ ....

e. L'architecte Paul Andreu a construit l'opéra de Pékin.

➜ ....

4 Réponds comme dans l'exemple.

Exemple : a. *On a nommé un nouveau professeur ?*
– Oui, il a été nommé.

b. On a volé l'ordinateur ?

– ....

c. On a choisi le nouveau modèle ?

– ....

d. On a fait les travaux ?

– ....

e. On a retrouvé les livres ?

– ....

f. On l'a nommé responsable de classe ?

– ....

Vérifie ta compréhension

5 Réponds aux questions et vérifie tes réponses en écoutant à nouveau le dialogue.

a. Qui est Zoé Duquesne ?

....

b. Où travaille-t-elle ?

....

c. Est-ce qu'elle est aimée par ses collègues ?

....

d. Qu'est-ce qu'elle propose comme sujet de dossier à la rédaction ?

....

e. Quel est le problème de l'entreprise Fibrasport ?

....

Que s'est-il passé ?

Travaille à partir des pages Découvertes

Vocabulaire

assemblée (n.f.) ....
bataille (n.f.) ....
choc (n.m.) ....
chute (n.f.) ....
distance (n.f.) ....
diversité (n.f.) ....
élection (n.f.) ....
fiabilité (n.f.) ....
flot (n.m.) ....
gorge (n.f.) ....
manifestation (n.f.) ....
multiplicité (n.f.) ....
page d'accueil (n.f.) ....
référence (n.f.) ....
repère (n.m.) ....
subjectivité (n.f.) ....
traitement (n.m.) ....
accentué (adj.) ....

habituel (adj.) ....
idéal (adj.) ....
immense (adj.) ....
incomplet (adj.) ....
inconnu (adj.) ....
incroyable (adj.) ....
ironique (adj.) ....
orienté (adj.) ....
serré (adj.) ....
alimenter (v.) ....
apprécier (v.) ....
articuler (v.) ....
avoir l'impression de (loc. verb.) ..

comparer (v.) ....
construire (v.) ....
couper (v.) ....
dédramatiser (v.) ....

démolir (v.) ....
discuter (v.) ....
écraser (s') (v.) ....
énerver (s') (v.) ....
fraterniser (v.) ....
garantir (v.) ....
intégrer (v.) ....
intervenir (v.) ....
marquer (v.) ....
méfier (se) (v.) ....
multiplier (v.) ....
participer (v.) ....
préférer (v.) ....
préserver (v.) ....
protéger (v.) ....
ressentir (v.) ....
sélectionner (v.) ....
varier (v.) ....

Apprends le vocabulaire

1 Donne un titre à chacune de ces informations.

Exemple : a. *demander* ➜ *formuler une demande*

b. indiquer ➜ donner des ....

c. raconter ➜ faire un .... de l'événement

d. constater ➜ faire un .... d'accident

e. sélectionner ➜ faire une .... des informations

2 Du verbe au nom : identifie un sentiment.

a. ressentir : exprimer un ....

b. soupçonner : avoir des ....

c. énerver : montrer son ....

d. méfier : faire part de sa ....

e. s'enthousiasmer : être plein d'...

Vérifie ta compréhension

 3 Associe un verbe à chacun de ces modes d'information (voir page 28).

a. Internet ●

b. Forum ●

c. Journal télévisé ●

d. Facebook ●

e. Le Grand Journal de Canal Plus ●

● **1.** s'informer en sachant que c'est incomplet, orienté ou accentué

● **2.** sortir d'un regard franco-français sur l'actualité

● **3.** intégrer ce qui se passe sans choquer et préserver la subjectivité

● **4.** sélectionner, comparer, participer à l'information

● **5.** construire son point de vue en discutant

 4 Relis l'article sur les manières de s'informer (page 28) et retrouve à quoi correspondent ces statistiques.

a. 53% : ....

b. 86% : ....

c. 79% : ....

d. 24 : ....

Leçon 2 / Vous y croyez ?

Tu vas apprendre à :

- te présenter (nom, nationalité, lieu d'habitation) ;
- dire « je comprends » ou « je ne comprends pas » ;
- reconnaître les sons du français.

Travaille à partir des pages Forum

Vocabulaire

affabulation (n.f.) ....

auto-stoppeuse (n.f.) ....

brique (n.f.) ....

chasse (n.f.) ....

coïncidence (n.f.) ....

démon (n.m.) ....

destin (n.m.) ....

expert (n.m.) ....

fosse (n.f.) ....

histoire (n.f.) ....

mâchoire (n.f.) ....

malédiction (n.f.) ....

négatif (n.m.) ....

objet volant (n.m.) ....

phénomène (n.m.) ....

reprise (n.f.) ....

reste (n.m.) ....

rituel (n.m.) ....

silhouette (n.f.) ....

témoin (n.m.) ....

terreur (n.f.) ....

tombe (n.f.) ....

vampire (n.m.) ....

virage (n.m.) ....

décédé (adj.) ....

étrange (adj.) ....

fantomatique (adj.) ....

frappant (adj.) ....

frappeur (adj.) ....

mystérieux (adj.) ....

non identifié (adj.) ....

paranormal (adj.) ....

superstitieux (adj.) ....

bloquer (v.) ....

causer (v.) ....

claquer (v.) ....

considérer (v.) ....

décéder (v.) ....

déménager (v.) ....

empêcher (v.) ....

évoquer (v.) ....

faire demi-tour (v.) ....

mordre (v.) ....

prendre une photo (v.) ....

sévir (v.) ....

Apprends le vocabulaire

1 Trouve l'adjectif.

a. Phénomène : ce sportif est ....

b. Démon : ce garçon est ....

c. Vampire : elle a un côté ....

d. Affabulation : il raconte toujours des histoires ; il est ....

e. Fantôme : il a une allure ....

2 Secrets et mystères. Complète avec un mot de la liste.

un phénomène – un mystère – un secret – étrange – superstitieux.

a. Dans toutes les familles, il y a ....

b. Cet enfant est ....Il a passé le bac à douze ans.

c. Pendant toute la soirée, on a entendu des bruits. J'ai trouvé ça ....

d. On n'a pas encore découvert les meurtriers. Cette affaire reste entourée de beaucoup de ....

e. Il ne prend jamais de décision le 13 de chaque mois. Il est ....

3 Trouve le contraire. Associe.

a. étrange ●   ● **1.** courant

b. mystérieux ●   ● **2.** visible

c. insolite ●   ● **3.** banal

d. invisible ●   ● **4.** fréquent

e. rare ●   ● **5.** apparent

f. normal ●   ● **6.** ordinaire

g. extraordinaire ●   ● **7.** évident

h. secret ●   ● **8.** anormal

4 Caractérise à l'aide des adjectifs de l'exercice 3.

Exemple : **a.** *Une histoire sans originalité* → **banale**

b. Un trajet qu'on fait plusieurs fois par jour → ....

c. Un fait inexpliqué → ....

d. Un fait divers très original → ....

e. Un bruit qu'on ne peut pas identifié → ....

f. Une solution facile à trouver → ....

g. Une personne qui parle peu → ....

Leçon 2 — Vous y croyez ?

Vérifie ta compréhension

5 — Les superstitions. Que dit le superstitieux dans les situations suivantes ? Associe.

1. Il brise un miroir. ●
2. Il est invité à un repas de treize personnes. ●
3. Il voit une étoile filante. ●
4. Il espère que son projet réussira. ●
5. Il pose son pied gauche sur une crotte de chien. ●

● **a.** Pourvu que ça marche ! Je croise les doigts et je touche du bois.
● **b.** Je fais un vœu.
● **c.** Sept morceaux... sept années de malheur.
● **d.** Ah ! Non. Dans ce cas je ne viens pas.
● **e.** Eh bien, je commence la journée du bon pied !

Travaille à partir des pages Outils

Vocabulaire

certitude (n.f.) ....
doute (n.m.) ....
écriture (n.f.) ....
site (n.m.) ....
classé (adj.) ....
possible (adj.) ....
probable (adj.) ....
aménager (v.) ....

avoir l'air (v.) ....
douter (v.) ....
effacer (s') (v.) ....
risquer (v.) ....
sembler (v.) ....
supposer (v.) ....
tromper (se) (v.) ....

Conjugue

1 — Mets les verbes à la forme qui convient.

À la FNAC

● On dirait le chanteur qui a fait ce tube sur Internet.

– Tu crois ? Je ne suis pas sûr que ce (*être*) .... lui.

● Pourtant j'ai l'impression que c'(*être*) .... lui.

– Ce qui est sûr, c'est qu'il ressemble au chanteur du clip ! Tu as raison, il est possible que ce (*être*) .... lui !

● Il paraît que son nouveau CD (*sortir*) .... la semaine prochaine.

– Tu crois ça ?

● Il risque qu'il (*attendre*) .... les fêtes de Noël.

– Il est impossible qu'il le (*faire*) .... car ce n'est pas le genre de CD que les gens offrent à Noël.

2 — Complète les phrases en utilisant le subjonctif.

a. J'aimerais que l'on (*se voir*) .... plus souvent.

b. J'ai besoin que tu (*venir*) ....

c. J'ai peur que tu ne me (*croire*) .... pas.

d. je regrette que tu ne (*s'appeler*) .... jamais.

e. je suis contente que tu (*aller*) .... bien.

Fais des hypothèses

 3 Imagine les phrases prononcées dans les situations suivantes en utilisant les expressions proposées.

a. Un de vos copains de classe est absent : Il est malade. – Il ne s'est pas réveillé. – Il a des problèmes avec sa mobylette.

Il est possible qu'il soit malade, il est impossible ....

il est probable qu' ....

b. Vous avez perdu vos clés : Elles sont restées sur la porte. – On me les a volées. – On les a rapportées à la police.

Il est possible qu' ....

Il se peut qu' ....

Je doute qu' ....

 4 Utilise les expressions *pour que..., bien que... supposons que...*

a. .... le concert (*ne pas avoir lieu*) .... ils enverront un tweet pour nous avertir.

b. .... je (*être*) ....'en forme, je ne jouerai pas ce match.

c. .... tu (*faire*) .... partie de l'équipe, il faut que tu sois sélectionné.

d. .... je (*travailler*) .... tard, je passerai te voir.

f. .... tu (*finir*) .... tôt tes devoirs, tu m'appelles sur skype ?

g. .... elle (*réussir*) ...., il faut qu'elle travaille plus.

Entraîne-toi à l'oral à partir des pages Échanges

Vocabulaire

enquête (n.f.) ....

exposition (n.f.) ....

informateur (n.m.) ....

peinture (n.f.) ....

sculpture (n.f.) ....

stage (n.m.) ....

bizarre (adj.) ....

confidentiel (adj.) ....

délocaliser (v.) ....

récupérer (v.) ....

vérifier (v.) ....

Prononce

 1 Écoute et coche en indiquant l'ordre d'apparition.

	[v]	[b]	[p]
a.			
b.			

	[v]	[b]	[p]
c.			
d.			

	[v]	[b]	[p]
e.			

Leçon 2 **Vous y croyez ?**

Parle

2 Exprimer une opinion. Relie comme dans l'exemple.

Exemple : a. *Son ambition est sans limite ; c'est possible.*
Il est possible que son ambition soit sans limite.

b. son honnêteté laisse à désirer ; il se peut.

....

c. sa générosité est très spontanée ; je ne suis pas sûr.

....

d. son témoignage est faux ; on dirait.

....

e. son comportement devrait changer ; il semble.

....

3 Confirme comme dans l'exemple.

Face au jury

Exemple : a. *Elle l'influencera. C'est probable.*
➔ *Il est probable qu'elle l'influencera.*

b. Elle veut intervenir. C'est possible.
➔ ....

c. Elle témoignera. C'est probable.
➔ ....

d. Elle ment. C'est impossible.
➔ ....

e. Elle ne réussira pas. C'est possible.
➔ ....

Vérifie ta compréhension

4 Réponds aux questions et vérifie tes réponses en écoutant à nouveau le dialogue.

a. Où Zoé rencontre-t-elle Arnaud Bossard ?

....

b. Qu'est-ce qu'il lui révèle ?

....

c. Dans la scène 2, que vérifie M. Dupuis ?

....

d. Que décident M. Dupuis et Zoé ?

....

Travaille à partir des pages **Découvertes**

Vocabulaire

caméra (n.f.)	salière (n.f.)
crotte (n.f.)	scientifique (n.m.)
don (n.m.)	trèfle (n.m.)
échelle (n.f.)	distingué (adj.)
fer à cheval (n.m.)	luxueux (adj.)
générosité (n.f.)	perdu (adj.)
héritage (n.m.)	perfectionné (adj.)
horoscope (n.m.)	tridimensionnel (adj.)
imagerie (n.f.)	consulter (v.)
lapin (n.m.)	croiser (v.)
malheur (n.m.)	enrichir (s') (v.)
messe (n.f.)	exposer (v.)
miroir (n.m.)	renverser (v.)
parapluie (n.m.)	repousser (v.)
porte-bonheur (n.m.)	

Apprends le vocabulaire

 Complète ces expressions avec le verbe qui convient.

a. Je .... les doigts.

b. Je .... du bois.

c. Il .... du pied gauche.

d. Attention ! Ne .... pas sous l'échelle.

e. Zut ! j'............................ le miroir.

 Associe le verbe et le contexte dans lequel on l'emploie.

enquête – circulation – médecine – bricolage – art.

a. Consulter : ....

b. Exposer : ....

c. Croiser : ....

d. Percer : ....

e. Rénover : ....

Vérifie ta compréhension

3 « L'énigme de Rennes-le-Château ». **Réponds.**

a. Où se trouve Rennes-le-Château ?

....

b. Comment s'appelle le prêtre qui est nommé à l'église de Rennes-le-Château ?

....

c. Qu'est-ce qui caractérise le changement de situation du prêtre ?

....

d. Quelle est l'hypothèse de Gérard de Sève sur la richesse du prêtre ?

....

e. Quel trésor aurait découvert le prêtre ?

....

Tu vas apprendre à :

- faire une chronologie, exprimer l'antériorité ;
- rapporter des paroles ;
- parler du patrimoine ;
- décrire un projet de construction ou de rénovation ;
- exprimer la honte et l'embarras.

Travaille à partir des pages Forum

Vocabulaire

annexe (n.f.)	plongeur (n.m.)	démolir (v.)
bénévole (n.f./m.)	proximité (n.f.)	éclairer (v.)
biscuiterie (n.f.)	reconversion (n.f)	ériger (v.)
bordure (n.f.)	revue (n.f.)	inaugurer (v.)
canal (n.m.)	tombeau (n.m.)	inspirer (v.)
chapelle (n.f.)	vestige (n.m.)	mériter (v.)
chemin de fer (n.m.)	atypique (adj.)	ramasser (v.)
cirque (n.m.)	glorieux (adj.)	reconvertir (v.)
défense (n.f.)	identique (adj.)	remettre (v.)
démolition (n.f.)	industriel (adj.)	rénover (v.)
dynastie (n.f.)	prestigieux (adj.)	réparer (v.)
empire (n.m.)	baptiser (v.)	restaurer (v.)
genre (n.m.)	bâtir (v.)	sauver (v.)
imagination (n.f.)	classer (v.)	vouer (v.)
migrant (n.m.)	consacrer (v.)	
oubli (n.m.)	convoiter (v.)	

Apprends le vocabulaire

 Construction et destruction. Complète avec les verbes suivants.

construire – détruire – reconstruire – reconvertir – restaurer – transformer

Les Arènes de Nîmes

a. C'est au 1er siècle avant J.-C. que les Romains *ont construit* les arènes de Nîmes.

b. Au Moyen Âge le bâtiment a été _____ en château fort.

c. Au XVIIIe siècle tout l'intérieur a été _____ et les pierres ont été utilisées pour construire un village.

d. Au XIXe siècle les arènes ont été _____ par l'architecte Viollet-le-Duc qui a aussi _____ les remparts de Carcassonne et ceux d'Avignon.

e. Aujourd'hui, le bâtiment a été _____ en salle de spectacle.

Leçon 3 — C'est toute une histoire

2 — Du verbe au substantif et inversement. Complète.

Exemple : a. *rénover : une rénovation*

b. transformer : ....

c. .... : la construction

d. .... : la destruction

e. restaurer : ....

f. .... : la démolition

g. installer : ....

3 — Du sens propre au sens figuré. Complète avec les verbes suivants.

casser – construire – détruire – rénover – restaurer

a. C'est par les contacts avec les autres que les enfants .... leur personnalité.

b. Le ministre de l'Éducation veut .... le système éducatif et ....
l'autorité des enseignants.

c. Il suffit de quelques mensonges pour .... une réputation.

d. La mauvaise note que j'ai eue en math m'.. le moral.

4 — Associe un adjectif et un nom.

gratuit – bizarre – atypique – ouvert – glorieux – illustre

a. une personnalité ....

b. un acte ....

c. un homme ....

d. un passé ....

e. un esprit ....

f. une idée ....

Vérifie ta compréhension

5 — Relis l'article « Le Palais idéal : l'œuvre d'un original » page 38. Dis si les affirmations suivantes sont vraies ou fausses.

	Vrai	Faux
a. Ferdinand Cheval était facteur dans la ville de Hauterives.	O	O
b. Il s'était fait construire un magnifique palais.	O	O
c. Il ramassait des pierres aux formes étranges et les emportait chez lui.	O	O
d. Avec ces pierres il réalisait les constructions qu'il avait imaginées.	O	O
e. Il lui a fallu trente-trois ans pour réaliser son Palais idéal.	O	O

Travaille à partir des pages **Outils**

Vocabulaire

bouger (v.) ....   quitter (v.) ....

Raconte au passé

1 Conjugue au temps qui convient : imparfait, passé composé ou plus–que–parfait.

a. Contretemps

Quand je *(arriver)* .... au stade, l'entraîneur *(réunir)* .... toute l'équipe.

J'*(essayer)* .... de t'appeler car je *(savoir)* .... qu'il *(programmer)* ....

une longue séance d'entraînement.

b. Explication

Quand les enfants sont arrivés de l'école, je *(ne pas encore préparer)* .... le repas. Je leur *(expliquer)* ....

.... que je *(quitter)* .... le travail plus tard que d'habitude parce que j'*(accepter)* ....

de faire un travail urgent.

c. Incident

Ce matin–là, j'ai quitté la maison vers 9 heures. Je *(devoir)* .... aller à une répétition.

J'*(être pressé)* .... J'*(garer)* *(mal)* .... la voiture.

Quand je *(revenir)* .... à l'endroit où je *(laisser)* .... , elle *(disparaître)* ....

2 Raconte ce qui s'est passé avant.

Vie d'artiste

En 2003, j'ai enfin connu mon premier succès. Mais pendant dix ans j'*(faire)* .... tous les métiers.

J'*(vouloir)* .... être peintre. Puis, je t'*(rencontrer)* .... et tu m'*(présenter)* .... au directeur

du théâtre où tu travaillais. Il m'*(engager)* .... et nous *(vivre)* .... en faisant les petits boulots

des artistes débutants. J'*(écrire)* .... des chansons pour les autres sans les signer.

Et puis un jour, un jeune imprésario m'*(donner)* .... ma chance.

3 Complète le récit en mettant chaque verbe au temps qui convient.

Perdus dans la montagne

Le responsable du chalet *(indiquer)* .... que le randonneur *(partir)* .... avec un ami dans le massif

de Belledonne.

Il *(soupçonner)* .... que les deux hommes *(se perdre)* .... et *(penser)* .... qu'ils *(être)*

.... victimes d'une avalanche.

Il *(appeler)* .... les secours. Les secours *(trouver)* .... les randonneurs légèrement blessés.

Ils *(raconter)* .... qu'ils *(surprendre)* .... par une avalanche mais qu'ils *(pouvoir)* ....

se dégager et se mettre à l'abri du froid.

Leçon 3 C'est toute une histoire

Vérifie ta compréhension

4 Lis ce dialogue entre une journaliste et Dany Boon à propos du succès de son film *Bienvenue chez les Ch'tis*. Rapporte-le à une autre personne. Aide-toi du tableau page 41.

Le journaliste lui a demandé ... il a dit ..., répondu ..., etc.

● **Votre dernier film est un énorme succès : comment vivez-vous ce succès ?**

– Je suis heureux de donner du bonheur à tant de gens.

● **Est-ce que vous aviez imaginé que vous auriez un tel succès ?**

– J'avais montré le film à des amis : ils m'avaient prédit un beau succès. Mais un succès historique comme ça... franchement non.

● **Vous souvenez-vous de ce qui vous a donné l'idée du film ?**

– Je m'en souviens très bien. C'est en lisant un article de presse méprisant sur les gens du Nord que j'ai eu envie de faire un film qui parlerait des gens de la région où je suis né.

● **Ça été un tournage difficile ?**

– Non, ça a été un tournage heureux avec beaucoup de complicité. Une vraie partie de plaisir.

● **Vous avez déjà un nouveau projet ?**

– Oui, prendre des vacances !

Entraîne-toi à l'oral à partir des pages Échanges

Vocabulaire

fichier (n.m.) _____	contacter (v.) _____
honte (n.f.) _____	garer (v.) _____
tiroir (n.m.) _____	ranger (v.) _____
embarrassé (adj.) _____	refaire (v.) _____
embêtant (adj.) _____	sauvegarder (v.) _____
ennuyeux (adj.) _____	

Prononce

1 Répète [t] ou [d].

2 Écoute et coche.

	a.	b.	c.	d.	e.	f.	g.
[t]							
[d]							

Parle

 3 Emploi du plus-que-parfait. Réponds aux questions comme dans l'exemple.

Conseil de classe

Exemple : a. *Pourquoi tu n'as pas parlé au conseil de classe ?*
– Parce que j'avais déjà parlé.

b. Pourquoi tu n'es pas intervenu ?
– ....

c. Pourquoi tu n'as pas témoigné ?
– ....

d. Pourquoi tu n'as pas discuté la proposition ?
– ....

e. Pourquoi tu n'as pas critiqué le projet ?
– ....

Vérifie ta compréhension

 4 Réponds aux questions et vérifie tes réponses en écoutant à nouveau le dialogue.

a. Que découvre Zoé quand elle arrive au bureau ?
....

b. Qui soupçonne-t-on ?
....

c. De quoi Zoé a-t-elle peur ?
....

d. Pourquoi ne peut-elle pas refaire son article ?
....

e. Qui M. Dupuis appelle-t-il ?
....

Travaille à partir des pages Découvertes

Vocabulaire

air (musique) (n.m.)	préjugé (n.m.)	délaisser (v.) ....
chantier (n.m.)	supériorité (n.f.)	dépenser (v.) ....
employeur (n.m.)	ému (adj.)	éclairer (s') (v.) ....
fondation (n.f.)	faisable (adj.)	en faire son affaire (loc. verb.) ....
gilet (n.m.)	grossier (adj.)	
juron (n.m.)	ravi (adj.)	précipiter (se) (v.) ....

Apprends le vocabulaire

1 Relis le forum page 44 et trouve les adjectifs contraires à ceux indiqués ci-dessous.

a. attentif : ....

b. célèbre : ....

c. occupé : ....

d. grossier : ....

e. muet : ....

f. ému : ....

2 Complète l'expression avec le verbe qui convient :

précipiter – bâtir – compter – éclairer – dépenser.

a. .... son énergie en pure perte.

b. .... la chute de son adversaire.

c. .... son jugement.

d. .... des châteaux en Espagne.

e. .... sur ses amis.

Vérifie ta compréhension

3 Relis le texte page 44 et dis si ces affirmations sont vraies ou fausses.

	Vrai	Faux
a. Driss fête son anniversaire.	O	O
b. Les invités écoutent de la musique classique.	O	O
c. Driss reconnaît les *Quatre Saisons* de Vivaldi.	O	O
d. L'air des *Quatre Saisons* sert de musique d'attente téléphonique à une administration.	O	O
e. Thao est engagé chez l'employeur parce qu'il parle poliment.	O	O
f. Le film de Peppy Miller a plus de succès que le film de George Valentin.	O	O

Tu vas apprendre à :

- faire des hypothèses au passé ;
- exprimer le regret ;
- exprimer l'espoir et la déception ;
- écrire une lettre de demande d'informations ;
- comprendre et commenter des chansons.

Travaille à partir des pages **Forum**

Vocabulaire

autorité (n.f.)	réalité (n.f.)	rebelle (adj.)
bouquin (n.m.)	regret (n/m.)	trouble (adj.)
délire (n.m.)	sensation (n.f.)	éprouver (v.)
discipline (n.f.)	sort (n.m.)	haïr (v.)
gamin (n.m.)	voyou (n.m.)	procurer (v.)
pianiste (n.f./m.)	nostalgique (adj.)	virer (fam.) (v.)

Apprends le vocabulaire

 1 Complète avec les mots suivants :

le rêve – le désir – la sensation – l'envie – l'impression.

a. Nous avons passé nos vacances en Corse. C'étaient des vacances de _____ .

b. Nous avons fait de la plongée. J'ai eu des _____ extraordinaires.

c. Clara n'est pas venue. Elle n'avait pas _____ de quitter Paris.

d. J'ai _____ qu'elle avait d'autres projets.

e. Charles, lui aussi, n'est pas venu. Il doit repasser ses examens. Il a un vrai _____ de réussite.

2 Exprime un sentiment. Complète avec un de ces mots :

solidaire – rebelle – nostalgique – troublé – fraternel.

a. Mes amis ont des problèmes familiaux. Je me sens très _____ de leur situation.

b. J'adore les chanteurs des années Pop. Je suis très _____ de cette époque.

c. Elle ne supporte pas qu'on lui donne des ordres. Elle est _____ à toute autorité.

d. Il s'est montré très _____ avec nous. C'est comme s'il faisait partie de la famille.

e. Chloé a demandé à Léo s'il l'aimait. Léo a été _____ par cette question.

Leçon 4 **Imaginez un peu**

Vérifie ta compréhension

3 Fais correspondre les sentiments, les attitudes et les mots qui les traduisent.

sentiments	attitudes	paroles prononcées
colère	**a.** applaudir	**1.** Je suis malheureux !
enthousiasme	**b.** hausser les épaules	**2.** C'est très amusant !
gaieté	**c.** pleurer	**3.** Je n'aurais pas dû faire ça.
honte	**d.** rire	**4.** C'est formidable !
indifférence	**e.** rougir	**5.** Ça va chauffer !
tristesse	**f.** énerver	**6.** Ça m'est égal.

....

....

....

....

....

....

Travaille à partir des pages

Vocabulaire

secteur (n.m.) .... emmener (v.) ....

Formule des hypothèses

 1 Dis–le avec des « si ».

Exemple : a. *Ils n'ont pas été bien informés, ils n'ont pas fait attention.*
S'ils avaient été mieux informés, ils auraient fait attention.

b. L'équipe n'a pas bien joué. Il y a eu un but.

....

c. Les joueurs n'ont pas été assez solidaires. On a perdu le match.

....

d. Tout le monde n'a pas été vigilant. On n'a pas pu réagir.

....

e. L'entraîneur n'a pas été écouté. Nous sommes aujourd'hui en difficulté.

....

2 Complète.

Si vous m'aviez écouté...

a. vous *(ne pas être obligé)* .... de faire ce travail pour rien.

b. vous *(mieux maîtriser)* .... le problème.

c. vous *(demander)* .... des conseils.

d. vous *(aller)* .... sur les bons sites d'information.

e. vous *(trouver)* .... les informations nécessaires.

 3 Imagine la suite.

Si tu n'avais pas eu cet accident...

Exemple : a. *ne pas retarder notre départ (nous).* → *..., nous n'aurions pas retardé notre départ.*

b. ne pas changer mes dates de vacances (je) → ....

c. ne pas modifier notre destination (nous) → ....

d. ne pas annuler ton stage de plongée (tu) → ....

e. emmener grand-mère et son canari (nous) → ....

Entraîne–toi à l'oral à partir des pages Échanges

Vocabulaire

accès (n.m.) ....
déception (n.f.) ....
signature (n.f.) ....
standard (n.m.) ....
surprise (n.f.) ....

injoignable (adj.) ....
sensible (adj.) ....
décevoir (v.) ....
faire attention (loc. verb.) ....
soupçonner (v.) ....

Prononce

 1 Répéte.

Imaginez un peu

2 Écoute et note.

a. ....

b. ....

c. ....

d. ....

e. ....

f. ....

Parle

3 Fais comme dans l'exemple.

Face au jury

Exemple : a. *préparer un bon repas.* ➜ ***Je t'aurais préparé un bon repas.***

b. raconter ton voyage aux États-Unis.

➜ ....

c. aller se promener tous les deux.

➜ ....

d. regarder le DVD du film *Intouchables*.

➜ ....

e. réserver une surprise.

➜ ....

Vérifie ta compréhension

4 Réponds aux questions et vérifie tes réponses en écoutant à nouveau le dialogue.

a. Que découvre Zoé en lisant le journal ?

....

b. Qu'est-ce qui s'est passé au journal *Le Matin* pendant qu'elle n'était pas là ?

....

c. Pourquoi le directeur n'a-t-il pas voulu que M. Dupuis prévienne Zoé ?

....

d. Quelle récompense Zoé reçoit-elle pour ses articles ?

....

e. Pourquoi le directeur du journal est-il content ?

....

Travaille à partir des pages Découvertes

Vocabulaire

canette (n.f.)	bousculer (v.)
collier (n.m.)	casser (se) (v.)
derviche-tourneur (n.m.)	crever (v.)
doublage (n.m.)	détendre (se) (v.)
évocation (n.f.)	en avoir marre (loc. verb.)
exclusion (n.f.)	enfiler (v.)
Limousine (n.f.)	masquer (v.)
sexisme (n.m.)	militer (v.)
tortue (n.f.)	moquer (se) (v.)
franc (adj.)	retenir (v.)

Apprends le vocabulaire

1 Complète avec un des verbes de la liste de vocabulaire.

a. Il a beaucoup d'humour sur lui-même : il .... de ses propres défauts.

b. Elle croit au développement durable : elle .... dans une association de protection de l'environnement.

c. Je doute fortement des chiffres donnés dans cet article : ils .... la réalité.

d. Elle n'a pas peur de dire des choses que les gens n'ont pas envie d'entendre : elle .... les idées reçues.

e. Dans mon dossier, il ne .... que ce qui lui convient.

Vérifie ta compréhension

2 Classe les désirs et les refus dans « Je veux » de Zaz (page 52).

Je veux : ....   Je ne veux pas : ....

3 Relis l'entretien avec Olivia Ruiz (page 52). Rattache chacune de ces phrases à un mot-clé de l'entretien.

a. Elle tente sans cesse des choses nouvelles : ....

b. Elle habite la scène comme une maison : ....

c. Elle est sensible à certaines causes écologique, sociale... : ....

d. Elle aime vivre entourée des mêmes personnes : ....

e. Elle est extrême en tout : ....

Préparation au DELF B1

Compréhension de l'oral

🎧 Écoutez puis répondez aux questions.

1. Il s'agit :
- ○ **a.** d'une conférence.
- ○ **b.** d'un reportage.
- ○ **c.** d'une conversation entre amis.

2. Dans ce document on parle :
- ○ **a.** de voyage.
- ○ **b.** de sentiments.
- ○ **c.** de lecture.

3. On donne des informations concernant :
- ○ **a.** un prix littéraire.
- ○ **b.** un cours de littérature.
- ○ **c.** une histoire de la littérature francophone.

4. Qui dit que :
- ○ **a.** aujourd'hui, il faut apprendre à lire sans héros : _____
- ○ **b.** les personnages deviennent parfois des amis : _____
- ○ **c.** la littérature contemporaine fait réfléchir sur l'actualité : _____

Compréhension des écrits

Lisez le texte ci-dessous et répondez aux questions.

— Révolution Erasmus —

C'est une belle histoire... Elle a vingt ans... Elle a un nom de code, ou plutôt de programme, « Erasmus », et un film culte qui la célèbre, *L'Auberge espagnole* : en vingt ans, elle a fait naître la première « eurogénération ». Un million et demi de jeunes Européens qui, depuis 1987, ont appris l'Europe dans les bars à tapas de Madrid ou de Barcelone, dans les pubs de Londres ou Cambridge, dans les trattorias de Rome ou Milan ou encore dans les bistrots de Toulouse ou Montpellier.

Belle victoire aussi pour le philosophe humaniste Érasme de Rotterdam auquel le programme doit son nom et qui, dès le XVᵉ siècle, avait sillonné l'Europe et séjourné en France, en Italie, en Angleterre et en Suisse.

Si l'on considère les seuls chiffres de la France, ce sont près de 23 000 étudiants qui, ces dernières années, ont profité du programme : 7 000 venant des filières de la gestion d'entreprise, 3 600 des langues, presque autant de l'ingénierie... Mais ils étaient seulement 600 en sciences humaines et 200 en géographie.

Avec Erasmus, au-delà de la convivialité, c'est aussi une autre Europe qui se construit : celle des cursus d'études harmonisés, des diplômes reconnus partout en Europe, des accords inter-universitaires. Plus encore, si l'on en croit Jacques Delors qui avait dirigé la commission européenne pour la mise en place du programme, en 1987, c'est « la première fois que l'Europe fait quelque chose pour les citoyens et non pour l'économie ou la monnaie... »

1. Cochez les phrases justes.

- ○ **a.** Le programme Erasmus a été créé en 1987.
- ○ **b.** *L'Auberge espagnole* est l'autre nom du programme Erasmus.
- ○ **c.** Les étudiants peuvent seulement aller étudier à Barcelone, Madrid, Londres ou Cambridge.
- ○ **d.** 23 000 étudiants français participent ces dernières années au programme Erasmus.

2. Qui a participé à la création du programme Erasmus ?

....

3. Qui était Érasme ?

....

4. Quels sont les pays dans lesquels il a étudié ?

....

5. Combien d'étudiants ont participé au programme ?

....

6. En France, quelle est la filière qui envoie le plus d'étudiants à l'étranger ?

....

7. Quelles sont les conséquences d'Erasmus sur l'organisation des formations universitaires en Europe ?

....

Production orale

Lisez la fiche de présentation du mathématicien Cédric Villani. Imaginez que vous êtes Cédric Villani. Présentez-vous. Dites pour quelles raisons vous avez choisi cette profession. Vous disposez de trois minutes.

> Né en 1973 à Brive-la-Gaillarde. Issu d'une famille littéraire.
> Études de mathématiques à Paris : en classes préparatoires, puis à l'École normale supérieure (de 1992 à 1996 comme élève, de 1996 à 2000 comme « caïman »).
>
> **Diplômes** : Agrégation (1994), thèse, sous la direction de Pierre-Louis Lions (1998), habilitation à diriger des recherches (2000).
> *En 2000, je deviens professeur à l'École normale supérieure de Lyon, où j'assure des enseignements et des activités de recherche. Depuis 2006, je suis membre junior de l'Institut universitaire de France.*
> *Les voyages sont une part fondamentale de la formation d'un mathématicien : parmi mes nombreux séjours dans des institutions étrangères, deux m'ont particulièrement marqué : l'un à Georgia Tech (Atlanta, Géorgie) en 1999, l'autre à Berkeley (Californie) en 2004.*
> *Je m'investis régulièrement dans la communication scientifique auprès de différents publics : conférences dans les écoles et lycées, conférences publiques en France et à l'étranger.*
>
> **Distinctions** : prix Louis Armand 2001, prix Peccot-Vimont 2003, conférencier au Congrès international des mathématiciens 2006, prix Jacques Herbrand 2007. Médaille Fields en 2010.
> Père de deux gros livres (*Topics in Optimal Transportation*, 2003 ; *Optimal Transport, Old and New*, 2008), d'un roman (*Théorème vivant*, 2012) et de deux enfants (Neven, 2000 et Aëlle, 2003).

Production écrite

Voici une liste d'objets qui ont changé notre vie quotidienne :

Classez-les par ordre d'importance et indiquez les raisons de votre choix (150 à 180 mots au total).

Tu vas apprendre à :

- parler du futur ;
- décrire un changement ;
- exposer un projet, un but, une intention ;
- présenter une réalisation économique ;
- exprimer des conditions.

Travaille à partir des pages **Forum**

Vocabulaire

agriculture (n.f.) ....

centenaire (n.m.) ....

chauffage (n.m.) ....

chirurgien (n.m.) ....

éclairage (n.m.) ....

élevage (n.m.) ....

justice (n.f.) ....

marée (n.f.) ....

matériau (n.m.) ....

mégalopole (n.f.) ....

mode (n.m.) ....

mondialisation (n.f.) ....

progrès (n.m.) ....

scénario (n.m.) ....

température (n.f.) ....

utilisation (n.f.) ....

vague (n.f.) ....

vent (n.m.) ....

zone (n.f.) ....

bon marché (adj.) ....

désertique (adj.) ....

glaciaire (adj.) ....

puissant (adj.) ....

vivable (adj.) ....

virtuel (adj.) ....

adapter (v.) ....

conformer (se) (v.) ....

durer (v.) ....

évoluer (v.) ....

exiger (v.) ....

fondre (v.) ....

fréquenter (v.) ....

gaspiller (v.) ....

geler (v.) ....

modifier (v.) ....

protéger (v.) ....

réchauffer (v.) ....

refroidir (v.) ....

Apprends le vocabulaire

 1 Complète avec les mots suivants :

les progrès – l'évolution – le changement – l'adaptation – le passage.

a. .... de plan dans un film

b. .... d'une élève à un nouveau programme

c. .... d'une maladie

d. .... de la science

e. .... d'un joueur

f. .... de l'heure d'hiver à l'heure d'été

g. .... des espèces selon Darwin

h. .... d'un élève tout au long de l'année

i. .... d'un roman au cinéma

j. .... en classe de seconde

2 Dis le contraire.

Exemple : a. *En été, la température monte.* ***En hiver, elle baisse.***

b. Le prix des livres a baissé. Le prix du pétrole ....

c. Les espèces animales sont en danger. Dans les parcs naturels, ...

d. Le plat a refroidi. Il faut ....

e. En hiver, le lac a gelé. Au printemps, la glace ....

f. Les entreprises automobiles se sont développées. Les entreprises textiles ....

Vérifie ta compréhension

3 Dis si ces affirmations sont vraies ou fausses.

	Vrai	Faux
a. L'essence est un carburant propre.	O	O
b. Le Gulf Stream est un courant froid de l'océan Atlantique.	O	O
c. Les marées font partie des énergies renouvelables.	O	O
d. L'effet de serre contribue au réchauffement de la planète.	O	O
e. L'énergie nucléaire est une énergie recyclable.	O	O

Travaille à partir des pages Outils

Vocabulaire

condition (n.f.) ....
fonction (n.f.) ....
navette (n.f.) ....

excepté (adj.) ....
spatial (adj.) ....

Parle du futur

1 Dans un an ... Dans un mois ... ils disent ce qu'ils auront fait. Rédige.

a. changer de lycée (*je*) – **b.** partir vivre dans un autre pays (*nous*) – **c.** trouver un autre cadre de vie (*nous*) – **d.** rencontrer de nouveaux amis (*tu*) – **e.** se familiariser avec une autre langue, une autre manière de vivre (*vous*) – **f.** apprendre d'autres manières de travailler (*je*)

Dans un an, j'aurai changé de lycée ....

....

....

....

Exprime la condition et la restriction

2 Complète avec :

à moins que – à condition de (que) – sauf si – seulement – si.

a. .... la crise financière est stoppée, l'économie redémarrera.

b. Le chômage diminuera .... l'on fasse les réformes nécessaires.

c. On pourra regagner des parts de marché .... avoir de bons produits.

d. L'effet de serre ne diminuera pas .... on utilise des véhicules plus propres.

e. C'est .... en développant les énergies renouvelables que l'on résoudra les problèmes écologiques de la planète.

Entraîne-toi à l'oral à partir des pages   Échanges

Vocabulaire

baie (n.f.)	promoteur (n.m.)	dépendre (de) (v.)
beauté (n.f.)	propriété (n.f.)	doubler (v.)
but (n.m.)	superficie (n.f.)	épargner (v.)
chasseur (n.m.)	tourisme (n.m.)	interroger (v.)
étang (n.m.)	touriste (n.m.)	protéger (v.)
extension (n.f.)	urbanisme (n.m.)	remporter (v.)
phoque (n.m.)	sauvage (adj.)	sauver (v.)
prairie (n.f.)	talentueux (adj.)	tant mieux (loc. adv.)
prédécesseur (n.m.)	chasser (v.)	

Parle

1 Choisis le film que tu as envie de voir... Écoute et note.

a.

b.

c.

d.

e.

f.

g.

h.

i.

j.

k.

2 Propose. Emploie le futur antérieur.

Exemple : a. *On joue, puis on fait une pause ?*

– Oui, on fera une pause quand on aura joué.

b. On fait l'entraînement, puis on boit un coca ?

–

c. On attend l'avis du coach, puis on décide ?

–

d. On regarde la vidéo, puis on fait notre choix tactique ?

–

Leçon 5 **Mais où va-t-on ?**

 3 **Exprime des conditions. Approuve comme dans l'exemple.**

Projets

Exemple : a. *On pourra se voir si je finis mon travail ce soir ?*

– Oui, à condition que tu finisses ton travail.

b. On fera une randonnée, si le temps le permet ?

– ....

c. On ira au bord de la mer, si ta voiture est réparée ?

– ....

d. On ira au théâtre, si j'ai des places ?

– ....

e. On ira au bistrot, s'il est ouvert ?

– ....

Vérifie ta compréhension

4 **Réponds aux questions et vérifie tes réponses en écoutant à nouveau le dialogue.**

a. Où se trouve la baie de Somme ?

....

b. Quelles personnalités célèbres ont aimé cette région ?

....

c. Que fait Loïc Bertrand ?

....

d. Quel est son projet ?

....

e. Que fait Gaëlle Lejeune ?

....

f. Quel est son projet ?

....

g. Comment le maire du Crayeux présente-t-il sa commune ?

....

Travaille à partir des pages **Découvertes**

Vocabulaire

armement (n.m.)	nougat (n.m.)	affronter (v.)
capacité (n.f.)	plaine (n.f.)	concentrer (v.)
centrale nucléaire (n.f.)	télécommunication (n.f.)	croître (v.)
coopération (n.f.)	vigne (n.f.)	maintenir (se) (v.)
exigence (n.f.)	agroalimentaire (adj.)	moderniser (v.)
filiale (n.f.)	chimique (adj.)	progresser (v)
gaz (n.m.)	compétitif (adj.)	résister (v.)
globe (n.m.)	ferroviaire (adj.)	robotiser (v.)
main-d'œuvre (n.f.)	pharmaceutique (adj.)	satisfaire (v.)
mutation (n.f.)	sain (adj.)	à travers (prép.)
nécessité (n.f.)	aboutir (v.)	

Apprends le vocabulaire

1 Pour chaque secteur de l'économie trouve trois produits dans la liste :

a. industrie du luxe : ....

b. industrie automobile : ....

c. industrie électronique : ....

d. industrie culturelle : ....

e. industrie agroalimentaire : ....

f. industrie chimique
et pharmaceutique : ....

g. industrie de l'armement : ....

alarme	canon	disque	lessive	parfum	robot	téléphone
avion de chasse	conserve	foulard	médicament	plat préparé	sac	télévision
camion	désodorisant	fusil	moto	presse	surgelé	voiture

2 | Trouve le synonyme et écris une expression avec ce synonyme.

a. exigence : ....

b. mutation : ....

c. nécessité : ....

d. compétition : ....

e. croissance : ....

Vérifie ta compréhension

3 | Remets dans l'ordre les étapes de la commercialisation d'un produit.

a. Concevoir le nouveau produit

b. Emballer les produits commandés

c. Expédier les commandes

d. Expérimenter le produit

e. Fabriquer le produit en série

f. Faire une étude de marché

g. Imaginer le conditionnement

h. Lancer la publicité

i. Recevoir les commandes

Ordre ....

Tu vas apprendre à :

- exposer des causes ;
- exposer des conséquences ;
- mettre en garde, menacer ;
- comprendre un fait de société ;
- connaître la vie politique en France.

Travaille à partir des pages Forum

Vocabulaire

affabulation (n.f.) _____	dépendant (adj.) _____
décolonisation (n.f.) _____	publicitaire (adj.) _____
emblème (n.m.) _____	sacré (adj.) _____
empoisonnement (n.m.) _____	barrer (v.) _____
indépendance (n.f.) _____	créer (v.) _____
slogan (n.m.) _____	désigner (v.) _____
symbole (n.m.) _____	entourer (v.) _____
troupe (n.f.) _____	distinguer (v.) _____
tournée (n.f.) _____	provoquer (v.) _____
fier (adj.) _____	servir (v.) _____

Apprends le vocabulaire

Exprimer la cause	Exprimer la conséquence
être causé par être dû à être à l'origine de... venir de... s'expliquer par	entraîner – provoquer – créer – rendre (+ adj. qualificatif) produire – permettre

1 Complète avec un verbe du tableau ci-dessus. Dans le premier paragraphe, exprime la cause, puis dans le second, la conséquence.

a. Exprimer la cause

La défaite de l'équipe est à l'origine du projet de changement de propriétaire du club. Le départ de nombreux joueurs

_____ ce changement. Les dépenses importantes du nouveau propriétaire du club

_____ l'achat de joueurs superstars.

Les succès _____ les choix tactiques du nouvel entraîneur.

b. Exprimer la conséquence

La nouvelle organisation de l'école aura des conséquences importantes. D'abord elle ....
de mieux organiser les emplois du temps. Elle .... l'enseignement plus performant.

Mais elle .... aussi une autre répartition des vacances. Cette nouvelle répartition
.... des effets positifs sur l'attention des élèves.

2 Dis-le autrement. Utilise les verbes de la liste de vocabulaire.

a. Elle a inventé un nouveau parfum : ....

b. Elle a choisi une nouvelle star pour le représenter : ....

c. L'autre star a été enlevée de la liste des représentantes de la marque : ....

d. Elle a causé une violente polémique : ....

e. Elle a utilisé son ami comme nez pour ce nouveau parfum. ....

3 Forme des adjectifs à partir des mots suivants et complète.

a. emblème : sa victoire est .... de son engagement.

b. symbole : leur rencontre est .... : elle marque un nouveau départ.

c. caractère : sa démarche est .... de sa pensée.

d. singularité : sa personnalité si .... ne ressemble à aucune autre.

e. particularité : elle a une beauté ...., difficile à définir.

4 Chasse l'intrus.

a. concorde – obélisque – Obélix – Égypte

b. coq – emblème – Gaule – révolution

c. drapeau – tour Eiffel – Marianne – bonnet phrygien

d. *Marseillaise* – tournée – armée – révolution

e. De Gaulle – résistance – guerre – Napoléon

Travaille à partir des pages **Outils**

Vocabulaire

boutique (n.f.)	absent (adj.)
changement (n.m.)	difficile (adj.)
contrôle (n.m.)	négocier (v.)
gouvernement (n.m.)	permettre (v.)
grève (n.f.)	supprimer (v.)

Présente les causes et les conséquences

 1 Explique les causes et les conséquences d'un fait en utilisant les expressions suivantes :

– **expression de la cause :** *être causé par – être dû à – s'expliquer par – venir de*
– **expression de la conséquence :** *entraîner – provoquer – rendre (+ adj. qualificatif) – produire*

a. *Dans les grandes villes, la pollution est due à la pollution de l'air par les gaz d'échappement* ....

b. *Cette pollution provoque des troubles respiratoires* ....

La pollution des villes

Les causes :
– pollutions de l'air : gaz d'échappement ;
– pollution par les déchets : négligence des habitants, augmentation du nombre des animaux domestiques et du nombre de pigeons porteurs de maladie ;
– pollution par le bruit : voitures, motos…

Les conséquences :
– troubles respiratoires chez les enfants et les personnes âgées ;
– dégradation des monuments historiques ;
– troubles psychologiques : stress, nervosité…

---

 2 Complète en utilisant :

car, comme, grâce à, parce que, puisque.

Elle : Où tu vas ? Tu sors ?

Lui : Oui, je dois aller à la médiathèque .... j'ai un livre à rendre.

Elle : .... tu vas dans ce quartier, tu peux passer à l'agence de voyage ?

Lui : Pourquoi ?

Elle : .... ils m'ont appelé .... les billets sont prêts. .... tu passes devant j'ai pensé...

Lui : Comme ça, ... moi, tu n'auras pas à sortir !

3 **Distingue** *parce que – puisque.* **Complète.**

Lui : Tu sais que Lucas arrête ses études ?

Elle : Pourquoi ? Pour faire du cinéma ?

Lui : Non, ... il veut voyager.

Elle : .... Lucas arrête ses études, il va pouvoir m'aider.

Elle : Allô Lucas ! Tu peux passer à la boutique cet après-midi ?

Lucas : Malheureusement, non.

Elle : Pourquoi ?

Lucas : .... j'ai rendez-vous chez Interemploi.

Elle : .... tu passes chez Interemploi, tu peux regarder s'ils ont mis mon annonce...

4 **Connaître les bonnes raisons. Trouve la question.**

Exemple : a. *À quoi est due* sa réussite ? *(à son talent)*

b. .... ses résultats ? *(à sa volonté de réussir)*

c. .... s'explique son succès ? *(par son savoir)*

d. .... est-il si exigeant avec ses amis ? *(parce qu'il est comme ça avec lui-même)*

e. .... l'aiment-ils bien quand même ? *(parce qu'il partage sa réussite avec eux)*

Entraîne-toi à l'oral à partir des pages Échanges

Vocabulaire

adjoint (n.m)	sourd (adj.) ....
autorisation (n.f)	avertir (v.) ....
comité (n.m.)	déranger (v.) ....
éolienne (n.f.)	menacer (v.) ....
pétition (n.f.)	prévenir (v.) ....
revenu (n.m.)	pousser (v.) ....
écologique (adj.)	rapporter (v.) ....
silencieux (adj.)	tout à fait (adv.) ....

Parle

1 Écoute et note.

a. ....

b. ....

c. ....

d. ....

e. ....

f. ....

g. ....

2 Exprime la cause. Transforme comme dans l'exemple.

Exemple : a. *C'est avec elle que tu as remporté le prix ?*
– Oui, je l'ai remporté grâce à clle.

b. C'est avec lui que tu as préparé le concours ?

– ....

c. C'est avec eux que tu as choisi le sujet ?

– ....

d. C'est avec elle que tu as fait les recherches ?

– ....

e. C'est avec lui que tu as expérimenté le modèle ?

– ....

3 Utilise « puisque ». Fais comme l'autre.

Exemple : a. *Je vais au cinéma. Tu viens ?*
– Puisque tu vas au cinéma, j'y vais.

b. Je vais déjeuner. Tu viens ?

– ....

c. Je reste à la maison. Tu restes ?

– ....

d. Je sors ce soir. Tu sors ?

– ....

e. Je pars en Espagne cet été. Tu pars avec moi ?

– ....

Leçon 6 Expliquez-moi

Vérifie ta compréhension

4 Réponds aux questions et vérifie tes réponses en écoutant à nouveau le dialogue.

a. Quel projet Yasmina vient-elle présenter ?

b. Quels sont les avantages de ce projet pour Le Crayeux ?

c. Pourquoi Labrousse est-il contre ?

d. Comment Labrousse va-t-il organiser l'opposition au projet ?

Travaille à partir des pages Découvertes

Vocabulaire

allié (n.m.)	phase (n.f.)	scolarisé (adj.)
amende (n.f.)	providence (n.f.)	stable (adj.)
amphi(théâtre) (n.m.)	race (n.f.)	tricolore (adj.)
aspiration (n.f.)	rectorat (n.m.)	visible (adj.)
bouddhiste (n.m.)	référendum (n.m.)	voilé (adj.)
démarrage (n.m.)	réorganisation (n.f.)	adhérer (v.)
devise (n.f.)	résistance (n.f.)	agir (s') (v.)
distinction (n.f.)	rival (n.m.)	décentraliser (v.)
écart (n.m.)	sénat (n.m.)	découler (v.)
électeur (n.m.)	stature (n.f.)	devancer (v.)
enseignant (n.m.)	synonyme (n.m.)	exclure (v.)
épaisseur (n.f.)	taux (n.m.)	garantir (v.)
fraternité (n.f.)	traité (n.m.)	ôter (v.)
hymne (n.m.)	administratif (adj.)	ratifier (v.)
impact (n.m.)	capital (adj.)	refuser (v.)
indépendance (n.f.)	colonial (adj.)	revendiquer (v.)
juif (n.m.)	indivisible (adj.)	
musulman (n.m.)	protecteur (adj.)	

Apprends le vocabulaire

 Associe.

a. exclure ●   ● **1.** une décision
b. constater ●   ● **2.** une solution
c. prendre en compte ●   ● **3.** une convention
d. faire appel d' ●   ● **4.** un argument
e. ratifier ●   ● **5.** une faute

Vérifie ta compréhension

 Retrouve dans « Les clés pour comprendre la France » (pages 72-73).

a. la couleur du drapeau : ....
b. le nom de l'hymne national : ....
c. la devise de la République : ....
d. le principe de la République : ....

 À quoi correspondent ces données chiffrées mentionnées dans « Les clés pour comprendre la France ».

a. 6 millions : ....
b. 5 millions : ....
c. 67 % : ....
d. 80 % : ....
e. 2 % : ....
f. 1 % : ....
g. 0,6 % : ....

 Construis une certaine image de la France. Associe aux adjectifs les noms auxquels ils renvoient (voir page 72).

a. .... indivisible
b. .... laïque
c. .... décentralisée
d. .... public
e. .... protecteur

Tu vas apprendre à :

- donner ton opinion sur un fait ;
- dire que tu as le droit, interdire, autoriser ;
- argumenter ;
- exprimer des sentiments ;
- parler de l'école.

Travaille à partir des pages Forum

Vocabulaire

annexe (n.f.)	maïs (n.m.)	transgénique (adj.) ....
anorexie (n.f.)	maître (n.m.)	cultiver (v.) ....
défaite (n.f.)	mannequin (n.m.)	désobéir (v.) ....
démocratie (n.f.)	militant (n.m.)	destiner (v.) ....
dictature (n.f.)	présence (n.f.)	défier (v.) ....
disposition (n.f.)	retouche (n.f.)	déborder (v.) ....
faucheur (n.m.)	risque (n.m.)	intervenir (v.) ....
génétique (n.f.)	terrain (n.m.)	juger (v.) ....
insulte (n.f.)	dangereux (adj.)	prouver (v.) ....
interdiction (n.f.)	filiforme (adj.)	réagir (v.) ....
luxe (n.m.)	maigre (adj.)	

Apprends le vocabulaire

 Du verbe au substantif. Complète.

Exemple : a. *défendre : la défense de ses intérêts*

b. détruire : .... de ses espoirs

c. interdire : .... de séjour

d. protester : .... de sa bonne foi

e. refuser : .... d'obéissance

f. condamner : .... de ses opinions

g. accuser : .... de mauvaise foi

h. poursuivre : .... d'un idéal

2 Retrouve dans les substantifs les mots du vocabulaire de la justice.

....

....

Vérifie ta compréhension

 3 Associe les mots que tu as trouvés pour former des expressions.

a. .... à une peine de prison

b. .... de destruction du bien public

c. .... de fumer

d. .... pour infraction

e. .... de la défense

Qui fait quoi ?

 4 Complète avec les mots suivants.

la police – le tribunal – la victime – le coupable – le délinquant – le juge d'instruction

a. .... commet un délit.

b. .... porte plainte.

c. .... interroge les suspects.

d. .... instruit l'affaire et inculpe.

e. .... juge.

f. .... est condamné.

Travaille à partir des pages

Vocabulaire

amusant (adj.) .... intelligent (adj.) .... jaloux (adj.) ....

Enchaîne deux idées

 1 Réactions en ligne... Relie les deux phrases.

Exemple : a. *Je suis contre les OGM / je trouve regrettable que les manifestants aient employé ces moyens.* ➜ *Bien que je sois contre les OGM, je trouve regrettable que les manifestants aient employé ces moyens.*

b. Nous n'avons pas d'animaux / nous sommes scandalisés par le commerce autour des animaux

➜ ....

....

c. J'écoute souvent de la musique sur Internet / je trouve irresponsable le téléchargement pirate

➜ ....

....

d. Je ne suis pas fumeur / je trouve discriminatoire la mesure concernant le refus d'employer des fumeurs

➜ ....

....

e. Je n'aime pas qu'on interdise / je suis pour l'interdiction de laisser défiler des mannequins anorexiques

➜ ....

....

Exprime l'opposition

2 **Relie les deux phrases en employant l'expression entre parenthèses.**

Exemple : a. *Éric est solitaire / il travaille dans les relations publiques.* (bien que) ➜ ***Bien qu'Éric soit solitaire, il travaille dans les relations publiques.***

b. On ne le voit jamais travailler / il rend toujours ses travaux à l'heure. (*quand même*)

....

....

c. Il est moins diplômé que les autres / il est plus compétent. (*alors que*)

....

....

d. Je lui dis de rester chez lui pendant le week-end / il vient au bureau pendant le week-end. (*même si*)

....

....

e. Il critique souvent ses collègues / il les défend toujours devant son directeur. (*pourtant*)

....

....

Exprime un sentiment

3 **Que disent-ils ?**

je suis fier ... je suis triste ... je suis heureux ... j'ai honte de ...

Exemple : a. *L'actrice qui a remporté l'Oscar.* ➜ ***Je suis fière d'avoir remporté l'Oscar.***

b. la perspective de passer un bon week-end ensemble

....

c. ne pas répondre à tes mesages

....

d. constater l'absence de disponibilité des gens

e. pouvoir compter quelqu'un parmi ses amis

---

4 Combine. Utilise les formes « être + adjectif + de ou /+ que... »

Exemple : a. *J'ai reçu ta réponse / je suis heureux.* ➜ *Je suis heureux d'avoir reçu ta réponse.*

b. J'ai obtenu de très bons résultats / je suis comblé.
➜

c. Tu ne m'as pas téléphoné / j'en suis amer.
➜

d. Tu ne m'as pas envoyé cette lettre / tu es inconscient.
➜

e. Vous ne venez pas assez souvent / nous sommes déçus.
➜

Entraîne–toi à l'oral à partir des pages Échanges

Vocabulaire

fichier (n.m.)	vendeur (n.m.)
centaine (n.f.)	vitre (n.f.)
choc (n.m.)	facultatif (adj.)
consigne (n.f.)	obligatoire (adj.)
dégradation (n.f)	autoriser (v.)
dérogation (n.f.)	dispenser (v.)
loi (n.f.)	interdire (v.)
manifestation (n.f.)	permettre (v.)
option (n.f.)	obéir (v.)
pétition (n.f.)	pêcher (v.)
règle (n.f.)	taguer (v.)
slogan (n.m.)	tolérer (v.)
tract (n.m.)	

Leçon 7 — À vous de juger

Prononce

1 Choisis le film. Écoute et répète.

2 *Ruptures.* Écoute et note.

a. ....

b. ....

c. ....

d. ....

e. ....

f. ....

Parle

3 Confirme comme dans l'exemple.

Exemple : a. *Il vient. Tu es contente.*

– Je suis contente que tu viennes.

b. Il a réussi. Vous êtes satisfaite ?

– ....

c. Il poursuit ses études. Tu es heureuse ?

– ....

d. Il fait beaucoup d'efforts. Vous en êtes fier ?

– ....

e. Il ne perd jamais de temps. Ça vous rassure ?

– ....

Vérifie ta compréhension

4 Écoute ces courtes scènes et complète le tableau.

Où se passe la scène ?	Que demande-t-on ?	Quelle est la réponse ?
a.		
b.		
c.		
d.		

5 Réponds aux questions et vérifie tes réponses en écoutant à nouveau le dialogue.

a. Dans la scène 1, pourquoi Gérard Labrousse est-il allé voir Gaëlle ?

b. Pour quelles raisons Gaëlle refuse-t-elle la demande de Gérard Labrousse ?

c. Que préparent les défenseurs des éoliennes ?

d. Que s'est-il passé à la mairie pendant la nuit ?

e. Le maire accuse Labrousse. Pourquoi Labrousse n'est-il pas coupable ?

Travaille à partir des pages Découvertes

Vocabulaire

compétence (n.f.)	élevé (adj.)	obtenir (v.)
discrimination (n.f)	paramédical (adj.)	opter (v.)
dysfonctionnement (n.m.)	professionnel (adj.)	mentionner (v.)
échec (n.m.)	technologique (adj.)	privilégier (v.)
filière (n.f.)	rentable (adj.)	résoudre (v.)
ingénieur (n.m.)	briller (v.)	réussir (v.)
notation (n.f.)	acquérir (v.)	rémunérer (v.)
pourcentage (n.m.)	commander (v.)	être à la traîne (v.)
crédible (adj.)	contenter (se) (v.)	
délibéré (adj.)	décrocher (v.)	

Vérifie ta compréhension

 1 Retrouve quel article parle des sujets suivants.

a. De l'évaluation des élèves :

b. Du niveau des filles et des garçons :

c. Des perspectives de carrière pour les filles et les garçons :

2 Retrouve dans les trois articles à quoi se rapportent ces chiffres.

a. 82 % : ....

b. 69 % : ....

c. 8,6 % : ....

d. 10,6 % : ....

e. 15/20 : ....

3 À propos de quoi cite-t-on les pays suivants :

a. l'Italie, la Grèce, le Canada, les États-Unis : ....

b. le Royaume-Uni : ....

4 Caractérise-les avec un adjectif de la liste.

dangereux – difficile – dramatique – improductif – laxiste

a. Le professeur n'est pas sévère. ....

b. La méthode ne donne pas de bons résultats. ....

c. Cet élève n'obéit jamais. ....

d. Dans les cours de récréation il faut interdire certains jeux. ....

e. L'école du village va être fermée. La situation est grave. ....

5 Dites si c'est une qualité ou un défaut.

a. doué – **b.** paresseux – **c.** travailleur – **d.** attentif – **e.** indiscipliné – **f.** effacé – **g.** distrait – **h.** brillant – **i.** passif

Défaut : ....

Qualité : ....

Tu vas apprendre à :

- caractériser des personnes ou des choses ;
- parler de la ville ;
- décrire des habitudes et des comportements ;
- enchaîner des idées.

Travaille à partir des pages Forum

Vocabulaire

autorité (n.f.)	piéton (n.m.)	épais (adj.)
agglomération (n.f.)	pionnier (n.m.)	humanitaire (adj.)
circulation (n.f.)	prévention (n.f.)	idéal (adj.)
climatisation (n.f.)	redevance (n.f.)	charger (se) (v.)
crèche (n.f.)	solidarité (n.f.)	concevoir (v.)
déchet (n.m.)	solitude (n.f.)	élever (s') (v.)
échange (n.m.)	soutien (n.m.)	engager (s') (v.)
équipement (n.m.)	stationnement (n.m.)	encadrer (v.)
foyer (n.m.)	tiers (n.m.)	éviter (v.)
intervention (n.f.)	tri (n.m.)	intégrer (v.)
membre (n.m.)	usager (n.m.)	enrayer (v.)
municipalité (n.f.)	voie (n.f.)	ménager (v.)
ordure (n.f.)	volume (n.m.)	responsabiliser (v.)
panne (n.f.)	cyclable (adj.)	taxer (v.)
périphérie (n.f.)	durable (adj.)	

Apprends le vocabulaire

 1 Lis la liste du vocabulaire et classe les mots dans les catégories suivantes.

a. l'espace de la ville : ....

b. les services et les administrations : ....

c. le déplacement : ....

d. la vie sociale : ....

Leçon 8 — C'est l'idéal

2 — Chasse l'intrus.

a. qualité de l'air – isolation – pollution

b. tramway – métro – vélo

c. échange de service – soutien scolaire – délinquance

d. pistes cyclables – voies piétonnes – installations sportives

e. réalisation durable – déchets recyclables – ordinateur jetable

3 — Associe les verbes suivants pour former des expressions.

éviter – ménager – engager – concevoir.

a. .... des susceptibilités

b. .... un ressentiment

c. .... l'affrontement

d. .... sa responsabilité

4 — Forme des expressions avec les adjectifs.

l'économie – la fracture – la niche – l'aide

Exemple : a. *durable : le développement durable*

b. humanitaire : ....

c. solidaire : ....

d. numérique : ....

e. écologique : ....

Vérifie ta compréhension

5 — Retrouve dans les articles le lieu et les initiatives suivantes :

a. les initiatives concernant l'écologie : ....

b. les initiatives concernant l'architecture : ....

c. les initiatives à caractère social : ....

d. les initiatives concernant les déplacements : ....

Travaille à partir des pages Outils

Vocabulaire

collègue (n.m.) .... séducteur (n.m.) .... compétent (adj.) ....

règlement (n.m.) .... attaché (adj.) ....

Insiste

 1 **Un médecin attentif : reformule en insistant.**

Exemple : a. *Je tiens beaucoup à cet examen.* ➔ *C'est un examen auquel je tiens beaucoup.*

b. Je m'intéresse beaucoup à cette maladie.

....

c. J'attache une réelle importance à ces patients.

....

d. Je reconnais un vrai intérêt à ce médicament.

....

e. Je participe volontiers à ces conférences.

....

Caractérise

 2 **Relie les deux phrases avec le pronom relatif qui convient.**

Exemple : a. *Ce soir, j'ai invité deux copains. J'ai visité la Sicile avec eux.* ➔ *Ce soir, j'ai invité les copains avec lesquels j'ai visité la Sicile.*

b. Léo a terminé sa maquette de bateau. Il travaillait sur cette maquette depuis un an.

....

c. Le cinéaste Michel Hazanavicius est l'auteur du film *The Artist*. Pour ce film il a reçu l'Oscar du meilleur film à Hollywood.

....

d. J'ai lu le roman de Marc Lévy *Et si c'était vrai*. Dans ce roman j'ai trouvé une fable romantique tendre et pleine d'esprit.

....

3 **Au musée... Complète avec un pronom relatif.**

Lui : On va voir l'exposition Picasso : c'est à l'étage juste au-dessus.

Elle : Oh ! Oui, c'est un peintre .... j'aime beaucoup et .... je me sens complètement en harmonie.

Lui : Ah ! ça me fait plaisir. Je vais te faire découvrir un tableau .... j'aime tout particulièrement, l'*Arlequin*, ... l'artiste a peint un énorme tableau .... reflète une grande humanité.

Elle : C'est complètement émouvant ; c'est une toile .... il y a beaucoup à dire.

Lui : C'est un tableau .... je me sens très proche et .... je reviens souvent voir.

Leçon 8 / C'est l'idéal

4 Combine les phrases en utilisant « dont ».

Exemple : a. *Tu m'as parlé d'une date / elle me semble idéale.* ➜ *La date dont tu m'as parlé me semble idéale.*

b. Tu m'as montré le calendrier de la manifestation / il me paraît très spectaculaire.

....

c. nous avons contacté des amis de l'organisateur / il me paraît sérieux.

....

d. Nous avons utilisé le fichier de l'association / elle a de nombreux liens avec nos supporters.

....

e. Nous terminons la préparation du communiqué de presse / il révèlera le nom de notre nouveau sponsor.

....

5 Souvenirs de voyage. Complète avec *qui, que, dont, où...*

Exemple : a. *Voici un tapis que j'ai acheté en Turquie.*
b. Là, une statue de bois .... vient de Norvège.
c. Et ça, c'est un tableau naïf .... l'auteur est brésilien.
d. Ici, ce sont des photos .... je trouve particulièrement réussies.
e. Ça ? c'est une lanterne magique .... j'ai oublié .... je l'ai trouvée.

Entraîne-toi à l'oral à partir des pages Échanges

Vocabulaire

accès (n.m.)	délicieux (adj.) ....
collectivité (n.f.)	précis (adj.) ....
communauté (n.f.)	mêler (se) (v.) ....
coquillage (n.m.)	régler (v.) ....
préfecture (n.f.)	démissionner (v.) ....
coupable (adj.)	insister (v.) ....

Parle

1 *Mystère...* Écoute les enchaînements et répéte.

2 Écoute les enchaînements. Réponds.

3 Un professeur à son étudiant. Reformule en insistant.

Exemple : a. *Je tiens beaucoup à ce projet.*
– *C'est un projet auquel je tiens beaucoup.*

b. Je m'intéresse beaucoup à ce problème.

– ....

c. J'attache une réelle importance à ces solutions.

– ....

d. Je reconnais un intérêt à ces choix.

– ....

e. Je participe volontiers à ces réunions.

– ....

Vérifie ta compréhension

 4 Réponds aux questions et vérifie tes réponses en écoutant à nouveau le dialogue.

a. Qu'est-ce que Loïc apprend à Gaëlle ?

....

b. Qui est l'auteur des dégradations à la mairie ?

....

c. Quel est l'objet de la réunion à la préfecture ?

....

d. Quelle solution propose le préfet ?

....

e. Est-ce que les coupables ont été condamnés ?

....

Travaille à partir des pages   Découvertes

Vocabulaire

canette (n.f.)	mosaïque (n.f.)	vêtu (adj.)
âme (n.f.)	radis (n.m.)	bénir (v.)
amuse-gueule (n.m.)	rhumatisme (n.m.)	dérouler (se) (v.)
calcium (n.m.)	son (n.m.)	diriger (se) (v.)
convivialité (n.f.)	souper (n.m.)	fasciner (v.)
écorce (n.f.)	source (n.f.)	flotter (v.)
embarquement (n.m.)	sulfate (n.m.)	improviser (v.)
guerrier (n.m.)	temple (n.m.)	louper (fam.) (v.)
herbe (n.f.)	villageois (n.m.)	rajeunir (v.)
magnésium (n.m.)	cardiaque (adj.)	
massage (n.m.)	romantique (adj.)	

Leçon 8 C'est l'idéal

Vérifie ta compréhension

1 Vrai ou faux ? C'est tellement mieux ailleurs. Relis les articles des pages 88–89.

	Vrai	Faux

En Espagne

a. On mange vers 15 heures pendant les vacances. ○ ○

b. On sort après minuit. ○ ○

À Budapest

c. On compte plus d'une centaine de sources thermales. ○ ○

d. On peut se baigner dans un décor Art déco aux bains Gellért. ○ ○

En Pologne

e. On prend un petit déjeuner très varié. ○ ○

Au Québec

f. On aime se réunir le soir entre amis autour d'un feu de bois. ○ ○

g. Chacun apporte quelque chose. ○ ○

2 Relève dans les différents articles les mots qui appartiennent à la réalité de chaque pays et donnes-en la définition en t'aidant du dictionnaire ou d'Internet.

a. Espagne : ....

b. Québec : ....

c. Pologne : ....

3 Voici des spécialités gastronomiques que les Français ont importées : dis quel est leur pays ou région d'origine.

a. le hamburger : ....

b. la pizza : ....

c. le tajine : ....

d. le taziki : : ....

e. le couscous : ....

f. la fejoa : ....

g. le strudel : ....

h. la crème brûlée : ....

i. le tiramisu : ....

Préparation au DELF B1

Compréhension de l'oral

🔊 Document 1 : Vacances : les Français choisissent la France.

Écoutez puis cochez la (ou les) bonne(s) case(s).

1. Les Français...

○ **a.** passent leurs vacances en Alsace. ○ **b.** passent leurs vacances en France. ○ **c.** passent leurs vacances loin de chez eux.

2. La destination...

○ **a.** la plus recherchée est le Sud. ○ **b.** parmi les plus recherchées, l'Île-de-France. ○ **c.** la plus proche est la Suisse.

3. Le type de séjour préféré : ○ **a.** chez les amis ○ **b.** chez les parents ○ **c.** à l'hôtel ou dans une location

🔊 Document 2 : Comment vivre pas cher...

Écoutez puis répondez aux questions en cochant les bonnes cases ou en écrivant l'information.

1. Il s'agit : ○ **a.** d'une émission de télévision ○ **b.** d'un reportage radio ○ **c.** d'une interview

2. Dans ce document...

○ **a.** on fait la promotion des sites Internet d'accès aux bons de réduction.

○ **b.** on témoigne du succès des sites d'accès aux bons de réduction.

○ **c.** on indique le mode d'emploi des sites d'accès aux bons de réduction.

3. Citez trois noms de sites Internet d'accès à des bons de réduction.

....

4. Citez deux marques qui ont créé des sites d'accès à des bons de réduction.

....

Compréhension des écrits

Invitation au voyage : des romans pour guides...

Destination vacances : mettez-les dans votre poche, ils vous parleront autrement des régions, des villes, des pays que vous avez choisis comme lieux de vacances. Tour de France.

La Bretagne : *Le Cheval d'orgueil*, **Pierre-Jakez Hélias**

Cheval d'orgueil, c'est le surnom qu'une mère donnait à son fils, valet de ferme chargé des chevaux, dans cette saga qui a pour cadre un bourg du Finistère sur la baie d'Audierne au début du XXᵉ siècle.

Le Limousin : *Le Pain noir*, **Georges-Emmanuel Clancier**

Suite romanesque qui plonge le lecteur dans la région Limousin, Le Pain noir retrace le destin de Catherine, bergère illettrée qui va traverser toute une époque, tour à tour servante, ouvrière, puis mère et enfin cette grand-mère à qui son petit-fils apprend à lire.

La Provence : *Une année en Provence*, **Peter Mayle**

Le rêve de beaucoup : acheter une fermette en Provence et y passer le plus clair de son temps. Vivre au rythme des cafés, des marchés, des vendanges ou de la pétanque. La Provence au jour le jour entre humour (anglais bien sûr) et anecdotes.

La Bourgogne : *La Billebaude*, **Henri Vincenot**

La billebaude, ça veut dire partir à l'aventure, et pour l'auteur suivre son grand-père bourguignon dans les bois de la marquise de Ségur, l'accompagner dans l'exercice singulier de cette chasse interdite qu'on appelle le braconnage. Suivre la vie au rythme de celle du village, c'est-à-dire au rythme des parties de chasse, des repas de fêtes et des rencontres où les choses sont lentes à se dire...

Jura : *Malataverne*, **Bernard Clavel**

Au cœur de ce pays de montagne et de forêts, dans cette terre difficile où la vie se gagne à la sueur de son front, *Malataverne* raconte l'histoire de trois adolescents venus de milieux différents et la chute de l'un d'eux, Robert, le paysan, celui qui croyait changer le cours de sa vie à Malataverne.

1 À quel roman appartient chacun de ces personnages ?

a. Catherine : _____

b. Robert : _____

c. Cheval d'orgueil : _____

2 Associez ces noms de lieu à une région.

a. Bois de Ségur : _____

b. Baie d'Audierne : _____

c. Malataverne : _____

3 Dites si c'est vrai ou faux.

a. La billebaude est un plat cuisiné : _____

b. Le Pain noir est une région du Limousin : _____

c. Cheval d'orgueil est le surnom d'un personnage : _____

4 Associez ces activités aux différentes régions.

a. Vendanges : _____

b. Parties de chasse : _____

c. Garde de bétail : _____

d. Élevage des chevaux : _____

Production orale

Vos copains vous ont invité à une fête mais vous ne pouvez pas y aller. Vous téléphonez à la copine qui accueille la fête. L'examinateur jouera ce rôle. L'échange ne durera pas plus de trois minutes.

– Vous vous excusez.

– Vous lui expliquez la cause de votre absence.

– Vous lui demandez ce qui avait été prévu pour cette fête.

– Vous exprimez votre déception de ne pouvoir être là et vous en expliquez les raisons.

– Vous proposez un autre rendez-vous.

Production écrite

D'accord / Pas d'accord : DVD ou CD, vous dites pourquoi vous avez aimé le dernier CD que vous avez écouté ou le dernier DVD que vous avez regardé. Écrivez un message électronique de 80-90 mots. Imaginez ensuite la réponse en 80-90 mots de quelqu'un qui n'est pas du tout d'accord avec vous.

Tu vas apprendre à :

- présenter un humoriste – parler d'humour ;
- exprimer la ressemblance et la différence ;
- décrire un comportement ;
- demander – insister – refuser ;
- réagir dans des situations embarrassantes.

Travaille à partir des pages Forum

Vocabulaire

blague (n.f.) ....
choc (n.m.) ....
décalage (n.m.) ....
humoriste (n.m.) ....
mime (n.m.) ....
ridicule (n.m.) ....
trac (n.m.) ....
amusant (adj.) ....
célèbre (adj.) ....
comique (adj.) ....
drôle (adj.) ....
marrant (adj.) ....
obsédé (adj.) ....
radin (adj.) ....
turbulent (adj.) ....

batailler (v.) ....
compenser (v.) ....
draguer (v.) ....
envoler (s') (v.) ....
épargner (v.) ....
imposer (s') (v.) ....
inspirer de (s') (v.) ....
moquer (se) (v.) ....
plaisanter (v.) ....
propulser (v.) ....
rafraîchir (v.) ....
rire (v.) ....
tailler (v) ....
virer (v.) ....

Apprends le vocabulaire

 De quoi ou de qui parle-t-on ?

a. Il imite sans parler : ....

b. Faire une plaisanterie : ....

c. Il dit les choses avec esprit et distance : ....

d. Écart entre deux points de vue : ....

e. Il provoque le rire : ....

Leçon 9 Sans complexes

2 Retrouve dans les articles (pages 94-95) les verbes suivants et explique-les.

a. s'imposer : ....

b. batailler : ....

c. propulser : ....

d. épargner : ....

e. se moquer : ....

3 Caractérise avec un adjectif : aide-toi de la liste de vocabulaire.

a. Il bouge tout le temps : il est ....

b. Elle regarde toujours sa montre : elle est .... par le temps.

c. Il ne propose jamais de payer : il est ....

d. Il me fait beaucoup rire : il est ....

e. On la reconnaît dans la rue : elle est ....

4 Complète avec un verbe.

a. .... la mémoire.

b. .... son énergie.

c. .... une réputation à quelqu'un.

d. .... pour gagner sa vie.

e. Pour .... je t'emmènerai au cinéma.

Vérifie ta compréhension

5 Relis l'article sur Claudia Tagbo (page 95) et retrouve les informations suivantes.

a. Pays d'origine : ....

b. Âge auquel elle arrive en France : ....

c. Petits boulots : ....

d. Artiste qui l'a aidée au début de sa carrière : ....

e. Thèmes de ses sketches : ....

Travaille à partir des pages **Outils**

Vocabulaire

air de famille (expression, m.)	distinct (adj.) ....
copie (n.f.)	éloigné (adj.) ....
immigration (n.f.)	identique (adj.) ....
programme (n.m.)	proche (adj.) ....
reflet (n.m.)	voisin (adj.) ....
réplique (n.f.)	accueillir (v.) ....
sécurité (n.f.)	confondre (v.) ....
similitude (n.f.)	distinguer (v.) ....
sondage (n.m.)	ressembler (v.) ....
comparable (adj.)	

Exprime l'identité et la ressemblance

1 **Complète. Aide-toi du tableau page 96.**

Je ne l'avais pas vu depuis longtemps mais il est resté tel que je l'ai connu ; avec la même allure,

.... jeans ; il .... à un acteur des années 1990 ;

on .... qu'il continue à vouloir imiter ses héros de l'adolescence. Il a un goût

.... pour les voitures rapides ; .... eux, il aime la vitesse et il croit

qu'on peut encore rouler .... on roulait à l'époque, sans se soucier de la vitesse. J'espère qu'il n'aura

pas une fin ....

2 **Drôle de spectacle... Complète en t'aidant du tableau page 96.**

a. J'ai beaucoup aimé la seconde partie du spectacle ; elle était bien .... que la première.

b. C'est vrai, les acteurs jouaient beaucoup ....

c. Oui, il y avait .... de cohésion entre eux.

d. De toute façon c'était difficile de faire ....

e. En tout cas on n'entendait pas le .... bruit dans la salle.

3 **Complète ces comparaisons.**

un trou – un œuf – un pompier – neige – gouttes d'eau – pierre

Exemple : a. *S'amuser comme **un fou***

b. Être blanc comme ....

c. Fumer comme ....

d. Boire comme ....

e. Être malheureux comme ....

f. Se ressembler comme deux ....

g. Être plein comme ....

Leçon 9 **Sans complexes**

Emploie plus et moins

4 Reformule les phrases suivantes. Utilise les expressions du tableau page 97.

a. Alors tes vacances se sont bien passées ?
Oui, <u>avec un avantage supplémentaire</u> : il n'y avait personne ; on avait la plage pour nous.

....

b. <u>Chaque fois que je vais sur cette île, je l'apprécie davantage.</u>

....

c. Mes parents ont trouvé une maison sympa : <u>Avantage supplémentaire :</u> elle est à côté de la plage.

....

d. Les autres maisons sont loin de la plage ? <u>Minimum</u> une demi-heure de marche à pied ?

....

e. <u>À peu près</u> une demi-heure. <u>Maximum</u> une heure.

....

f. <u>Tout de même</u>, tu gagnes du temps.

....

g. <u>J'en gagne peu car</u> je me lève plus tard.

....

Entraîne-toi à l'Oral

Parle

 1 Exprimer l'identité. Transforme comme dans l'exemple.

Exemple : a. *Il a acheté des baskets identiques aux miennes.*
Il a acheté les mêmes baskets que moi.

b. Il porte un jean identique au mien.

....

c. Il a une montre identique à la mienne.

....

d. Il a un portable identique au mien.

....

e. Il conduit une voiture identique à la mienne.

....

f. Elle a eu une note identique à la mienne.

....

2 Remplace. Utilise une expression avec « plus » ou « moins ».

Exemple : a. *Chaque fois que je vois ce film, je l'aime davantage.*
Chaque fois que je vois ce film, je l'aime de plus en plus.

b. Chaque fois que je vais dans cette ville, je l'apprécie davantage.

....

c. J'ai tellement de travail que je sors peu.

....

d. J'ai tellement de visiteurs que je pars peu.

....

e. Je l'apprécie beaucoup, de plus il est sympathique.

....

Vérifie ta compréhension

3 Écoute le document et indique la (ou les) bonne(s) réponse(s).

a. Tu viens d'entendre :
○ un reportage radio ○ une publicité gastronomique ○ un reportage touristique

b. Le reporter parle de son sujet :
○ de façon positive ○ en donnant des informations ○ comme une spécialiste
○ avec l'intention de stimuler l'attention de l'auditeur

c. Le reporter parle :
○ d'une école professionnelle ○ d'une boutique alimentaire ○ d'une boutique de décoration

d. Identifie ce que l'on peut acheter dans la boutique :
○ des voyages ○ des pâtisseries ○ des fruits ○ du café
○ des bijoux ○ des vêtements ○ du thé ○ des tissus

e. Quelles informations pratiques as-tu entendues ?
○ le nom de la boutique ○ la ville ○ le quartier ○ la rue

Travaille à partir des pages Projets

Vocabulaire

comportement (n.m.)	impoli (adj.)	insister (v.)
dépression (n.f.)	indiscret (adj.)	menacer (v.)
enthousiasme (n.m.)	macho (adj.)	rendre compte (se) (v.)
marque (n.f.)	sacré (adj.)	révéler (v.)
agressif (adj.)	tabou (adj.)	serrer (v.)
arrogant (adj.)	xénophobe (adj.)	surprendre (v.)
désorganisé (adj.)	aborder (v.)	transmettre (v)
grossier (adj.)	bavarder (v.)	
hypocrite (adj.)	hésiter (v.)	

Leçon 9 **Sans complexes**

Apprends le vocabulaire

1 **Chasse l'intrus.**

a. pantalon – jean – jupe

b. sweat – casquette – chemise

c. baggy – tennis – baskets

d. mini-jupe – pantalon – jean taille basse

e. chaussures plates – sandales à semelles compensées – talons hauts

f. top – survêtement – chemisier

2 **Compare les vestiaires masculin et féminin : qu'est-ce qui est semblable ? Qu'est-ce qui est différent ? Aide-toi de la page 99.**

a. semblable :

....

b. différent :

....

Vérifie ta compréhension

3 **Qu'est-ce que je fais quand je dis...**

a. Je ne sais pas, en même temps c'est vrai que... : ....

b. Il faut que absolument que tu viennes : ....

c. Voilà, il faut que je te l'avoue : ....

d. Si tu ne me le dis pas, tu vas voir ce qui va t'arriver : ....

e. Bon, j'aimerais te parler de cette histoire : ....

4 **Caractérise ces comportements.**

a. Vous les filles, taisez-vous, c'est une histoire de garçons : ....

b. Alors c'est vrai, tu as quitté ta copine ? : ....

c. Si tu n'es pas content, tire-toi ! : ....

d. Nous, c'est connu, nous sommes les meilleurs : ....

5 **Il insiste ou il refuse ?**

a. Je suis désolé, je ne peux pas : ....

b. Allez ! viens : ....

c. Je tiens absolument à ce que tu sois là : ....

d. Tu sais bien que si j'avais pu... : ....

e. Je compte sur toi... : ....

f. Tu me crois ? Je regrette vraiment : ....

6 Complète avec les expressions suivantes.

je t'en supplie – tu pourrais – désolé – j'aimerais – il faut absolument

a. Tu pourrais m'apporter le livre que l'on doit lire. .... que tu me l'apportes tout de suite.

b. Je peux te demander un service : .... aller attendre ma sœur à l'aéroport ?

c. Allez, viens, tu verras, on passera une belle journée, ... que tu viennes !

d. ...., viens pour me faire plaisir.

e. ...., j'ai mon exposé à terminer.

 7 Savoir dire non. Complète avec les expressions suivantes.

Je n'en ai pas du tout l'intention. – J'ai quand même le droit de refuser. – Je regrette. – Non, je n'en ai pas envie. – Désolé, je ne peux pas.

a. On va au cinéma ce soir ? – ....

b. Alors on se voit pour prendre un verre ? – ....

c. Mais tu m'avais promis qu'on se verrait. – ....

d. Alors, comme ça, tu changes d'avis sans prévenir ! – ....

e. Et sans t'excuser ! – ....

Leçon 10 Intéresse-les

Travaille à partir des pages Forum

Vocabulaire

baptême (n.m.)	bizarre (adj.)
carafe (n.f.)	désert (adj.)
cloison (n.f.)	épouvantable (adj.)
détresse (n.f.)	hebdomadaire (adj.)
dommage (n.m.)	infernal (adj.)
élocution (n.f.)	intense (adj.)
émotion (n.f.)	tétanisé (adj.)
éternité (n.f.)	accrocher (s') (v.)
facétie (n.f.)	claquer (v.)
génie (n.m.)	compromettre (v.)
gestuelle (n.f.)	concentrer (se) (v.)
illusionnisme (n.m.)	débarquer (v.)
maladresse (n.f.)	enlever (v.)
monstre (n.m.)	envahir (v.)
nappe (n.f.)	exclamer (s') (v.)
naufrage (n.m.)	identifier (v.)
pire (n.m.)	maîtriser (v.)
saltimbanque (n.m.)	prétendre (v.)
stagiaire (n.m.)	réciter (v.)
trac (n.m.)	taper (v.)
troupe (n.f.)	trembler (v.)

Apprends le vocabulaire

1 Retrouve les mots qui peuvent être associés à une personne ou à un événement dans la liste de vocabulaire.

a. adjectifs : ....

....

b. noms : ....

c. verbes : ....

2 Complète avec les mots de l'exercice précédent.

a. J'ai appris la nouvelle .... de son accident.

b. Vincent a agi comme .... avec Marion. Elle était ....

c. Marion .... de peur.

d. Vincent a .... sa relation avec Marion.

e. Aujourd'hui quand il voit Marion, il est ....

3 Complète avec les mots de la liste.

épouvantable – extraordinaire – incroyable – sceptique

a. Marie pense que Léo fera un très bon délégué de classe. C'est vrai, il a des idées, mais je ne crois pas à son succès. Je suis

....

b. Loïc raconte des choses ...., des histoires à dormir debout. Il dit que les nuits de pleine lune il se produit des événements .... et que des monstres .... se promènent dans la campagne.

4 Sentiments. Associe un adjectif abstrait et un verbe concret.

déborder – tomber – être tétanisé – sauter – trembler

a. .... amoureux

b. .... de joie

c. .... d'enthousiasme

d. .... de peur

e. .... par le trac

Leçon 10 **Intéresse–les**

Vérifie ta compréhension

5 Relis les trois récits et recherche les informations suivantes.

	Où ?	Qui ?	Quoi ?
a. Le souvenir le plus fort de Michel Drucker			
b. Une plaisanterie de Pierre Brasseur			
c. Un événement qui vous a marqué			

Travaille à partir des pages

Vocabulaire

client (n.m.) ....
guitariste (n.m.) ....
orchestre (n.m.) ....

présentateur (n.m.) ....
vendeur (n.m.) ....

Précise la durée

 Relie les deux phrases avec l'expression entre parenthèses.

Exemple : a. *Elle est allée au cinéma. Elle s'est promenée.* (après)

Elle s'est promenée après être allée au cinéma.

b. Il a plu. Elle est rentrée. *(au moment où)*

....

c. Elle a téléphoné. Il allait être trop tard. *(avant que)*

....

d. Elle lisait. L'orage a éclaté. *(alors que)*

....

e. Elle a fini son livre. Elle s'est couchée. *(après que)*

....

2 **Complète.**

a. Sonia étudie depuis cinq ans au Conservatoire de musique. ....un an, elle a été nommée assistante du chef d'orchestre.

b. Pierre a quitté New York .... deux ans. .... deux ans il a suivi des cours à l'université.

c. Ludovic a terminé sa thèse. .... six mois il a annoncé qu'elle était presque terminée.

d. .... un an Marie est en stage. Je l'ai remplacée .... toute cette année.

 3 **Relie les deux phrases avec une expression d'antériorité (←), de simultanéité (=) ou de postériorité (→).**

a. Samir a passé son permis de conduire. (→) Il est parti en vacances.

....

b. Il a terminé des vacances. (→) Il a commencé son stage.

....

c. Il a travaillé sur un projet de portail internet (=). Il a animé un blog.

....

d. Il a fini son projet. (→) Il a repris ses cours à l'université.

....

e. Il a passé ses examens. (←) Il a rédigé son mémoire de fin de stage.

....

Entraîne-toi à l'Oral

Travaille les automatismes

 1 **Étonne-toi.**

Exemple : a. *J'ai pris une décision.*
(Comment ça) – *Comment ça, tu ne l'avais pas prise !*

b. J'ai annoncé que je partais en vacances.

– ....

c. J'ai fait la réservation.

– ....

d. J'ai oublié de noter le numéro de la réservation.

– ....

e. J'ai prévenu que nous n'arriverons que demain.

– ....

Leçon 10 Intéresse–les

2 Tu as tout fait ! Réponds.

a. Passer voir récemment les grands-parents

b. Venir quelquefois au magasin

c. Aller il n'y a pas très longtemps chez le médecin

d. Penser il y a peu de temps à l'anniversaire des enfants

Vérifie ta compréhension

3 Écoute le document et coche les réponses correctes.

a. Tu viens d'entendre : ○ un entretien d'embauche ○ une conversation entre deux amies ○ une interview

b. La scène se passe : ○ dans un bureau ○ à la radio ○ dans un café

c. Classe les motivations d'Élisabeth Lafargue pour créer son entreprise.

.... la nécessité .... le défi .... la vocation

d. Quelle est la raison principale d'Élisabeth ?

e. Comment s'appelle l'entreprise ?

f. Quelle est la caractéristique des produits que distribue cette société ?

g. Quelles sont les valeurs que défend Élisabeth Lafargue ?

Travaille à partir des pages Projets

Vocabulaire

auteur (n.m.)	officier de police (n.m.)	incliné (adj.)
cagoule (n.f.)	panoplie (n.f.)	infiltré (adj)
concurrent (n.m.)	pistolet (n.m.)	trouble (adj.)
conflit (n.m.)	remplissage (n.m.)	véreux (adj.)
contrainte (n.f.)	ressort (n.m.)	chevaucher (v.)
crocodile (n.m.)	serveur (n.m.)	creuser (v.)
délateur (n.m.)	surveillance (n.f.)	croiser (se) (v.)
désaccord (n.m.)	voleur à la tire (exp.)	exploiter (v.)
épisode (n.m.)	abandonné (adj.)	grimper (v.)
faculté (n.f.)	ambulant (adj)	localiser (v.)
fraudeur (n.m.)	angoissant (adj)	mêler (se) (v.)
fringues (n.f. pl.)	boueux (adj.)	nouer (se) (v.)
homme d'affaires (n.m.)	criminel (adj)	patrouiller (v.)
obstacle (n.m.)	généralisé (adj)	

Apprends le vocabulaire

 1 **Se rappeler ou se souvenir : complète.**

Exemple : a. *Je me souviens* du passage à l'an 2000.

b. Je .... le bug informatique.

c. Je .... de la finale de la Coupe du monde et je .... le but de Zidane.

d. Je .... de mon séjour en Australie et je .... les journées de plongée au large de la Barrière de Corail.

e. Je .... du passage à l'euro et je .... le dernier jour du franc.

f. Je .... du premier vol de l'Airbus 380 et je .... l'émotion au décollage.

2 **Commence la phrase par le mot entre parenthèses.**

a. Il y a trop de contrôles. *(Je ne pense pas)*

....

b. La crise économique va durer. *(Je pense)*

....

c. On doit mieux contrôler les marchés financiers. *(C'est nécessaire)*

....

d. La prise de conscience écologique n'est pas suffisante. *(Il ne me semble pas que)*

....

e. Des progrès sont faits. *(Il n'en reste pas moins que)*

....

f. Les industriels ne sont pas prêts à investir massivement dans des technologies propres. *(Je ne crois pourtant pas que)*

....

Vérifie ta compréhension

3 **Dans chaque article, retrouve les caractérisations. Utilise les mots en italique.**

a . Un souvenir (page 106). *trouble – boueux – vert de peur*

Un sentiment .... – je ne pouvais plus bouger : j'étais .... ; sa pensée était aussi .... que le chemin qu'il suivait.

b. Un coup de cœur (page 107). *véreux – populaire – sentimental – tragique*

Un rêve : ça se passait dans un quartier .... dans un milieu .... comme dans une histoire .... où l'héroïne est très ....

c. Souriez, vous êtes surveillés (page 108). *espionné – fourni – idéologique – inquiétant – mouchard – moral – noté – total – généralisé – tranquillisant*

Le temps de la surveillance .... est venue – nos ordinateurs sont .... – nos téléphones portables sont des .... – toutes nos dépenses de santé son .... c'est certes .... mais cela peut s'avérer .... – la panoplie high-tech est si .... que son utilisation pose un tas de questions .... et ....

Tu vas apprendre à :

- exposer un fait d'actualité ;
- exposer un problème relatif à ce fait ;
- exprimer le besoin et le manque ;
- exprimer la volonté et la nécessité ;
- rédiger une pétition ou une lettre ouverte.

Travaille à partir des pages Forum

Vocabulaire

appréciation (n.f.)	polémique (n.f.)	spontané (adj.)
bandeau (n.m.)	raté (n.m.)	approuver (v.)
cornet (n.m.)	sécurité (n.f.)	camper (v.)
démarrage (n.m.)	unanimité (n.f.)	débloquer (v.)
évaluation (n.f.)	vague (n.f.)	héberger (v.)
hébergement (n.m.)	violation (n.f.)	mobiliser (se) (v.)
indifférence (n.f.)	aveuglé (adj.)	ordonner (v.)
indignation (n.f.)	controversé (adj.)	relier (v.)
inspecteur (n.m.)	emblématique (adj.)	subventionner (v.)
lancement (n.m.)	inaccessible (adj.)	
plateforme (n.f.)	performant (adj.)	

Vérifie ta compréhension

1 **Retrouve quel article parle :**

a. de la fermeture d'une plateforme : ....

b. de l'ouverture de places d'hébergement supplémentaires : ....

c. de la réception d'un festival artistique par les habitants de la ville d'accueil : ....

d. de l'ouverture d'un site qui donne des appréciations sur les professeurs : ....

e. de l'inauguration d'une nouvelle autoroute : ....

2 Dis dans quels articles on retrouve ces expressions de la polémique.

a. faire l'unanimité contre : ....

b. ne pas être approuvé par : ....

c. susciter des avis partagés : ....

d. accuser de violation des droits d'auteur : ....

e. refuser d'aller dans un foyer : ....

Apprends le vocabulaire

3 Caractérise–les avec un des adjectifs suivants.

désobéissant – indigné – controversé –subversif – contesté

a. Le professeur ne fait pas l'unanimité : *il est* ....

b. La méthode suscite des avis partagés : *elle est* ....

c. Cet étudiant ne veut pas exécuter les ordres : *il est* ....

d. Ces jeunes veulent renverser l'ordre établi : *ils sont* ....

e. Ces professeurs sont scandalisés par l'attitude des élèves : *ils sont* ....

4 Complète par un verbe de la liste de vocabulaire.

a. .... l'opinion

b. .... la situation

c. .... sur ses positions

d. .... les choix du gouvernement

e. .... une enquête

5 Commente les opinions en utilisant les mots suivants.

unanimité – indifférent – polémique – indignation – opposition

a. Il dit son .... au projet.

b. Elle se montre .... à ses objections.

c. Elle exprime son .... sur les conditions d'accueil des SDF.

d. Sa générosité, ses qualités d'écoute font l' ....

e. Ses prises de position suscitent toujours des ....

Leçon 11 / <u>Motive-les</u>

Travaille à partir des pages **Outils**

Vocabulaire

annulation (n.f.)	organiser (v.) ....
manifestation (n.f.)	préserver (v.) ....
pétition (n.f.)	sauvegarder (v.) ....
annuler (v.)	signer (v.) ....
imprimer (v.)	voter (v.) ....
mobiliser (se) (v.)	

Exprime la volonté

1 Transforme les phrases ci-dessous.

Hygiène de travail...

a. Tu dois faire tes devoirs avant de sortir. *(exiger)*

....

b. Tu dois suivre un emploi du temps strict. *(suggérer)*

....

c. Tu dois arrêter d'écouter de la musique en travaillant. *(tenir à)*

....

d. Tu dois éteindre ton portable. *(souhaiter)*

....

e. Tu dois aller discuter avec ton professeur régulièrement. *(vouloir)*

....

2 Exprime la demande.

a. Le travail doit être terminé avant la fin de la semaine. *(exiger, je)*

....

b. Vous avez envie de rester à la maison pour regarder le match. *(suggérer, vous)*

....

c. Votre entraîneur doit voir vos parents avant la fin de la semaine. *(tenir à, notre entraîneur)*

....

d. L'école vous demande d'envoyer un certificat médical pour pouvoir jouer dans l'équipe. *(prier, l'école)*

....

e. Nous avons demandé à Karim de nous rendre les livres que nous lui avons prêtés. *(réclamer, nous)*

....

Conjugue

3 Mets les verbes au subjonctif passé.

a. Dans un mois, il faut que nous *(se qualifier)* .... pour la finale du championnat.

b. Je suis sûr que nous y arriverons à condition que *(s'entraîner)* .... sérieusement.

c. La semaine prochaine je veux que nous *(établir)* .... un nouveau planning de travail en salle.

d. J'aimerais que le président *(acheter)* .... de nouveaux appareils pour la musculation.

e. Il faut qu'avant une semaine les appareils *(installer)* .... dans la nouvelle salle.

4 Tu parles de votre avenir avec un/une ami(e). Accorde les verbes pour exprimer des souhaits par anticipation ou des sentiments..

a. Dans un an, j'aimerais que l'on *(s'inscrire à l'université)* .... ; je voudrais que l'on *(louer)* .... un appartement pour habiter ensemble ; il faudrait aussi que l'on *(trouver)* .... chacun un petit job pour payer le loyer.

b. Je regrette que l'on *(pas choisir)* .... de faire les mêmes études ; j'ai apprécié que tu *(choisir)* .... la même université. C'est peut-être mieux car je doute que l'on *(bien s'entendre)* .... dans la manière de travailler.

Entraîne-toi à l'Oral

Travaille les automatismes

1 Transforme avec les verbes.

Hygiène de vie ...

Exemple : a. *Tu dois faire deux heures de sport par semaine.* (exiger)
– J'exige que tu fasses deux heures de sport par semaine.

b. Tu dois surveiller ton régime alimentaire. *(suggérer)*

– ....

c. Tu dois arrêter de fumer. *(tenir à)*

– ....

d. Tu dois te coucher tôt. *(souhaiter)*

– ....

e. Tu dois aller voir ton médecin régulièrement. *(vouloir)*

– ....

Leçon 11 Motive-les

2 Associations. Formule leur déclaration d'intention.

Exemple : a. *Nous agirons ... pour la préservation de nos intérêts.*
→ ***Nous agirons pour que nos intérêts soient préservés.***

b. Nous agirons ... pour l'aboutissement du projet.

→ ....

c. Nous agirons ... pour la reconnaissance de l'association.

→ ....

d. Nous agirons ... pour le respect de la démocratie locale.

→ ....

e. Nous agirons ... pour l'écoute de la population.

→ ....

Vérifie ta compréhension

3 Écoute le document et coche les bonnes réponses.

a. Ce dialogue est :
○ une émission de radio   ○ un sondage   ○ une conversation téléphonique

b. Ce sondage porte sur :
○ l'augmentation des impôts   ○ la rénovation d'une place   ○ la construction d'une ligne de bus

c. L'interviewé a :
○ le temps de répondre   ○ peu de temps pour répondre   ○ tout son temps pour répondre

d. Les travaux concernent :
○ une rue   ○ un quartier   ○ une place

e. Le sondage a lieu :
avant les travaux   ○ après les travaux   ○ pendant les travaux

f. L'interviewé :
○ est content des travaux   ○ juge que ce n'était pas indispensable   ○ n'a pas d'opinion

g. L'interviewé a l'impression que :
○ la place a retrouvé son unité   ○ la perspective a été détruite
○ la station de bus est moins pratique que l'ancienne

Travaille à partir des pages **Projets**

Vocabulaire

acquisition (n.f.)	adopter (v.) ....
conquête (n.f.)	aggraver (v.) ....
coutume (n.f.)	cannibaliser (v.) ....
discrimination (n.f.)	disposer (v.) ....
embauche (n.f.)	encourager (v.) ....
finalité (n.f.)	examiner (v.) ....
inscription (n.f.)	imposer (s') (v.) ....
omniprésence (n.f.)	indemniser (v.) ....
patrimoine (n.m.)	postuler (v.) ....
protection (n.f.)	préserver (v.) ....
racine (n.f.)	promouvoir (v.) ....
soutien (n.m.)	

Apprends le vocabulaire

 1 Réemploie les verbes de la liste ci-dessus.

a. .... la diversité
b. .... les initiatives
c. .... les intérêts
d. .... les injustices
e. .... les propositions

2 Associe.

a. discrimination ●   ● **1.** administration
b. protection ●   ● **2.** droit
c. inscription ●   ● **3.** associatif
d. adoption ●   ● **4.** racisme
e. soutien ●   ● **5.** écologie

Vérifie ta compréhension

 3 Dans le forum de la page 115, retrouve qui :

a. craint que l'inscription des langues régionales dans la Constitution n'entraîne des inégalités : ....

b. pense qu'il est inutile de conserver le patrimoine linguistique : ....

c. objecte que cela va renforcer une grande langue de communication : ....

d. a peur que faire vivre les langues régionales ne peut se faire que contre le français : ....

e. déclare que les langues régionales ne sont pas un atout pour trouver du travail : ....

Leçon 11 — **Motive-les**

Exprime le but

4 **Associations. Formule leur déclaration d'intention.**

Nous agirons

a. pour que *(protection des animaux)*

....

b. afin que *(préservation de leur territoire)*

....

c. de sorte que *(reconnaissance de nos idées)*

....

Nous voulons faire en sorte que :

d. *(le respect de la vie animale)*

....

e. *(le vote d'une loi)*

....

Tu vas apprendre à :

- parler d'hygiène ou de bien–être ;
- présenter les avantages et les inconvénients d'un sport ;
- décrire un symptôme ;
- te débrouiller en cas de problème de santé en France.

Travaille à partir des pages Forum

Vocabulaire

influence (n.f.) ....   traitement (n.m.) ....   déconseiller (v.) ....
risque (n.m.) ....   aérer (v.) ....   polluer (v.) ....

Apprends le vocabulaire

 Trouve le substantif.

a. dormir : ....

b. aérer : ....

c. ranger : ....

d. polluer : ....

e. conseiller : ....

f. prouver : ....

Travaille la compréhension

2 Lis l'article « Les vrais dangers du portable » en suivant les consignes de lecture.

Les vrais dangers du téléphone portable

La France compte 53 millions de téléphones portables, mais aussi 47 000 antennes relais plantées partout sur les immeubles, les pylônes ou les clochers. Ces émetteurs sont chargés d'assurer les liaisons avec le réseau téléphonique. En zone urbaine, on en trouve en moyenne un tous les 300 mètres. Ajoutons les bornes wi-fi (31 000 autorisées, en 2007, dans les lieux publics), les émetteurs de radio FM et de télévision, la CB, les téléphones sans fil d'intérieur, le Bluetooth, les lampes à basse consommation et les lignes à haute tension.

Ce brouillard électromagnétique est-il vraiment toxique ? La question se pose depuis près d'une décennie, et elle n'est toujours pas définitivement tranchée. Comme pour les OGM ou le nucléaire, voici même réunis tous les ingrédients de la polémique : des spécialistes divisés ; des militants prêts à dénoncer une menace invisible, mais potentiellement catastrophique ; un lobby industriel soucieux de préserver ses intérêts ; des pouvoirs publics dépassés ou paralysés... Une fois de plus se pose aussi la question du principe de précaution : comment évaluer l'impact d'un phénomène dont on ne connaît pas les effets à long terme ? [...]

Les résultats des recherches épidémiologiques menées sur l'homme demeurent malgré tout ambigus. En 2000, l'Organisation mondiale de la santé (OMS) avait estimé que les mobiles n'entraînaient aucun effet néfaste pour la santé. Reconnaissant des lacunes sur le sujet, l'OMS avait néanmoins lancé, l'année suivante, la plus grande étude jamais réalisée dans 13 pays européens, baptisée « Interphone ». L'objectif était d'interroger, au sujet de leur usage du portable, des personnes atteintes de tumeur de la tête.

Cette enquête a été bouclée en 2006, mais ses résultats définitifs – sujets à débats entre scientifiques des différents pays – n'ont toujours pas été publiés. Martin Hours, médecin épidémiologiste responsable du volet français de l'étude, s'en indigne et lance dans *L'Express* un appel pour que ces informations soient enfin diffusées. En attendant, d'autres études ne manquent pas d'inquiéter. L'une d'elles, rendue publique en Suède en 2007, a pointé un risque « faible mais accru » du gliome (forme de cancer du cerveau) chez les utilisateurs intensifs de portables.

Les sceptiques ne désarment pas pour autant. À commencer par l'Académie de médecine. Le 17 juin, celle-ci s'est fendue d'un communiqué en réaction à l'appel de David Servan-Schreiber. Les Académiciens ont vu là « une opération médiatique ». Selon eux, les enquêtes disponibles ne montrent pas d'« excès de risque significatif ». Pis, le fait d'« inquiéter l'opinion dans un tel contexte relève de la démagogie ». Denis Zmirou, chercheur à l'Inserm et ex-directeur scientifique de l'Agence française de sécurité sanitaire de l'environnement et du travail (Afsset), doute quant à lui que les effets biologiques « remettent en question la survie de la cellule ou du plan de tomate ». Même ironie du côté du prix Nobel de physique Georges Charpak : « Ceux qui vont skier reçoivent en deux mois, à cause des rayons cosmiques, la même quantité de radiation que celle tolérée par l'industrie nucléaire. Alors oui, j'ai peur du téléphone portable : j'ai peur de me faire renverser par un type qui téléphone au volant. »

a. Retrouve à quoi correspondent ces chiffres :

53 millions : ....

47 000 : ....

300 : ....

31 000 : ....

b. Retrouve dans l'article les ingrédients de la polémique. ....

c. Relève ce qui prouve que les portables sont dangereux. ....

d. Comment s'appelle l'enquête lancée par l'OMS dans treize pays européens et sur quoi porte-t-elle ? ....

....

e. Relève les positions des personnalités ou organismes suivants : repère les noms et les propos rapportés entre guillemets.

Martin Hours : ....

Académie de médecine : ....

Denis Zmirou : ....

Georges Charpak : ....

Travaille à partir des pages Outils

Vocabulaire

acclamation (n.f.) ....

démonstration (n.f.) ....

figure (n.f.) ....

génération (n.f.) ....

rythme (n.m.) ....

souplesse (n.f.) ....

hésiter (v.) ....

récompenser (v.) ....

Caractérise une action

1 **Remplace l'expression soulignée par un adverbe en –ment.**

a. Il se déplace <u>avec rapidité</u> : ....

b. Elle marche <u>avec souplesse</u> : ....

c. Elle court <u>de façon régulière</u> : ....

d. Elle fréquente la salle de sport <u>avec assiduité</u> : ....

e. Il évolue <u>avec lenteur</u> : ....

Construis des propositions participes

2 **Comme dans une lettre...**

Exemple : a. *Je me tiens à votre disposition ; je vous prie de croire en mes meilleurs sentiments.* **En me tenant à votre disposition, je vous prie de croire en mes meilleurs sentiments.**

b. Je vous assure de mon parfait dévouement ; je vous prie d'accepter mes meilleures salutations.

....

....

c. Je vous laisse libre de votre décision ; je me permets toutefois d'insister sur un fait.

....

....

d. J'espère pouvoir rejoindre votre équipe ; je vous prie de croire à ma haute considération.

....

....

e. Je vous renouvelle mes remerciements pour vos encouragements ; je reste à l'écoute de vos suggestions.

....

....

3 Comme dans un guide touristique, relie les deux phrases.

Exemple : a. *La Chapelle royale a été construite au XVIᵉ siècle ; elle reflète un gothique tardif.*
→ **Construite au XVIᵉ siècle, la Chapelle royale reflète un gothique tardif.**

b. Le Palais a été habité par la même famille depuis trois siècles ; il conserve tout son mobilier.

....

....

c. La cathédrale a été restaurée récemment ; elle dévoile une profusion baroque d'anges dorés.

....

....

d. Le dôme a été détruit à la suite du tremblement de terre ; il vient seulement d'être restauré.

....

....

e. La ville a été affectée de profondes transformations ; elle a cependant protégé son patrimoine.

....

....

4 Les risques du métier. Reformule les phrases suivantes en utilisant :

bien que – comme – en même temps – grâce à – si.
Exemple : a. *Tout en faisant du cinéma, elle continue à faire du théâtre.*
→ **Bien qu'elle fasse du cinéma, elle continue à faire du théâtre**.

b. Elle gagne un peu d'argent en faisant du doublage.

....

c. Mais tout en ayant peu de temps, elle réussit à passer des auditions.

....

d. En se dispersant trop, elle risque de passer pour instable.

....

e. En se concentrant de nouveau sur quelques propositions, elle réussira.

....

f. Tout en travaillant beaucoup elle s'occupe de ses enfants.

....

Entraîne-toi à l'Oral

Travaille les automatismes

 ### 1 Emploi de la proposition participe présent.

Sanctions...
Exemple : a. *Les étudiants qui ne font pas de sport viendront travailler le samedi.*
→ **Les étudiants ne faisant pas de sport viendront travailler le samedi.**

b. Les parents qui ne viennent pas aux réunions seront exclus du conseil.
→ ....

c. Les élèves qui ne rendent pas leur devoir à temps seront sanctionnés.

→ ....

d. Les professeurs qui ne signalent pas les absents recevront un avertissement.

→ ....

e. Les étudiants qui arrivent en retard au cours seront refusés.

→ ....

Vérifie ta compréhension

2 Écoute le document et coche les bonnes réponses.

a. De quel type de document s'agit-il ?

○ une interview ○ un flash d'information ○ un reportage

b. Le document porte sur :

○ la traversée de Paris en rollers ○ les risques d'accidents ○ la sécurité des rollers

c. Combien sont-ils à pratiquer le roller ?

○ 2,5 millions ○ 13% de la population française ○ 10 000

d. Aujourd'hui le roller est plutôt considéré comme :

○ un sport ○ un passe-temps ○ un mode de vie

e. Le roller comporte des risques de :

○ collision ○ chute ○ accident mortel

f. L'enquête a été faite auprès de :

○ 40 enfants ○ 20 enfants ○ 180 enfants

g. L'enquête sur les risques a révélé que :

○ 40 enfants portaient des protections aux poignets ○ 40 enfants ne portaient pas de protections

○ 40 enfants portaient des protections aux coudes et aux genoux

Travaille à partir des pages Projets

Vocabulaire

adversaire (n.m.)	mécontentement (n.m.)	détendre (se) (v.) ....
capacité (n.f.)	mental (n.m.)	froncer (v) ....
concentration (n.f.)	musculation (n.f.)	frotter (se) (v.) ....
coordination (n.f.)	nervosité (n.f.)	gratter (se) (v.) ....
culpabilité (n.f.)	précision (n.f.)	mordre (se) (v.) ....
déception (n.f.)	provocation (n.f.)	plisser (v) ....
endurance (n.f.)	réflexe (n.m.)	respecter (v.) ....
glisse (n.f.)	acrobatique (adj.)	ronger (se) (v.) ....
goût (n.m.)	claustrophobe (adj.)	

Leçon 12 / **Reste en forme**

Apprends le vocabulaire

1   Trouve le contraire.

a. La nervosité : ....

b. L'indifférence : ....

c. La colère : ....

d. La générosité : ....

e. La déception : ....

f. La satisfaction : ....

2   Que fait–il ? Fais correspondre.

(1) Il baisse les yeux. (2) Il se tient les côtes. (3) Il hausse les épaules. (4) Il se frotte les mains. (5) Il se ronge les ongles.

a. Ça me fait tellement rire : ....

b. Ça m'angoisse... : ....

c. Je m'en fiche ! : ....

d. Non, non, je vous assure, vous ne me dérangez pas du tout : ....

e. Là ! j'ai vraiment réussi mon coup ! : ....

Vérifie ta compréhension

3   Retrouve dans les pages 122–123 à quels sports correspondent ces qualités.

a. l'endurance : ....

b. la précision : ....

c. la concentration : ....

d. l'équilibre : ....

e. l'art de la stratégie : ....

f. le sens du rythme : ....

g. la vitesse : ....

h. l'attention : ....

4   Vrai ou faux ?

a. Il se sent mal = Il ne sent pas bon ....

b. Ça ne me fait pas mal = C'est indolore ....

c. J'ai très mal = Je souffre beaucoup ....

d. Elle s'est fait mal = On lui a fait mal ....

e. Il a mal = Il est mal ....

5   À quel sentiment est associé chacun de ces symptômes ?

rancune – orgueil – générosité – peine – tristesse

a. J'ai des bleus à l'âme : ....

b. J'ai le cœur qui saigne : ....

c. Elle a une dent contre lui : ....

d. Il a les chevilles qui enflent : ....

e. Elle a le cœur sur la main : ....

Parle

6   Faire un régime : donne des conseils.

alterner – bannir – boire – oublier – préférer

a. .... beaucoup d'eau.

b. .... les desserts et le sucre.

c. .... les fruits et les légumes.

d. .... le poisson et la viande grillée.

e. .... l'alcool.

Préparation au DELF B1

Compréhension de l'oral

🏠 **Écoutez le document sonore et répondez aux questions.**

a. De quel type de document sonore s'agit–il ?

◯ un reportage ◯ une enquête ◯ une interview

b. Comment s'appelle l'émission ? ....

c. De quoi traite–t–elle ? ....

d. Dans le document, qui :

témoigne ? ....

analyse ? ....

commente ? ....

e. Coche les bons pourcentages sur le nombre de victimes de violence à l'école élémentaire : ◯ 5% ◯ 25% ◯ 15%

f. Pour le docteur Catherine, quel est le phénomène le plus inquiétant ? ....

g. Relevez le numéro vert : ....

h. Écrivez l'adresse du site : ....

Compréhension des écrits

Lisez ces faits divers et complétez le tableau.

1.

Une fusillade a eu lieu hier, peu après 5 heures du matin, devant le Plazza Madeleine, une boîte de nuit située boulevard de la Madeleine à Paris. « Des personnes ont appelé la police » a raconté un témoin et « dès que les policiers sont arrivés, ils se sont fait tirer dessus, des tirs nourris ». Un policier a alors répliqué. Au cours de la fusillade, une femme a été blessée. Les malfaiteurs se sont enfuis à bord d'un véhicule.

Midi-Libre

2.

De nombreux objets d'art de grande valeur, dont des pendules et des statues en bronze estimées à quelque 170 000 euros, ont été dérobés lundi dans un château de Saône-et-Loire.

Midi-Libre

3.

Un homme de vingt-deux ans a été mis en examen hier pour avoir fauché et blessé quatre cyclistes dont deux grièvement, à Lyon dans la nuit de vendredi à samedi, alors qu'il conduisait avec un fort taux d'alcoolémie. Les quatre victimes, originaires de Perpignan et de Toulouse, faisaient leurs études à Lyon et avaient loué des vélos en libre-service. Ils circulaient à contresens pour éviter des travaux sur un boulevard.

Midi-Libre

	1	2	3
type d'événement	fusillade		
date			
lieu			
conséquences			

Production orale

L'Alliance française ou l'Institut français cherche un/une stagiaire pour les mois de juillet et août pour un travail d'aide au secrétariat. L'entretien est fixé pour la semaine prochaine. Vous êtes bien sûr intéressé(e) et vous préparez votre entretien qui durera trois minutes.

À l'examen, l'examinateur jouera le rôle du directeur qui vous reçoit.

– Vous vous présentez.

– Vous parlez de vos compétences qui justifient votre candidature.

– Vous évoquez vos expériences précédentes comme stagiaire.

– Vous donnez les raisons qui motivent votre demande.

– Vous racontez ensuite à un/une ami(e) votre entretien qui s'est bien passé.

Production écrite

Dans la vie, il nous arrive d'être confrontés à une nouvelle situation qui nous oblige à nous adapter.
Racontez en 150-180 mots, un événement qui vous a obligé à vous adapter.

Tu vas apprendre à :

- donner ton opinion sur un voyage ;
- décrire un itinéraire ;
- situer un objet ;
- décrire un paysage ;
- parler des gens, de leurs habitudes, de leur religion.

Travaille à partir des pages Forum

Vocabulaire

affectation (n.f.)	adossé (adj.)
amphibien (n.m.)	banal (adj.)
aqueduc (n.m.)	concret (adj.)
bénévolat (n.m.)	médiéval (adj.)
coccinelle (n.f.)	posté (adj.)
étendue (n.f.)	romain (adj.)
libellule (n.f.)	abriter (v.)
maçonnerie (n.f.)	administrer (v.)
mammifère (n.m.)	camper (v.)
nettoyage (n.m.)	cartographier (v.)
reptile (n.m.)	recenser (v.)
sauvegarde (n.f.)	repérer (v.)
site (n.m.)	restaurer (v.)
troupeau (n.m.)	tenter (v.)
accessible (adj.)	

Vérifie ta compréhension

 1 Réponds aux questions à l'aide des pages 130–131.

a. Situe les lieux :

Saint Victor-la-Coste : ....

Kafue : ....

Yellowstone : ....

b. Où sont proposées ces activités :

Recenser : ....

Restaurer : ....

Entretenir : ....

c. Décris les activités proposées :

Travaux de restauration : ....

....

Repérage : ....

....

Entretien : ....

....

Apprends le vocabulaire

2 Trouve le substantif : forme des expressions.

a. restaurer : la .... d'un tableau

b. sauvegarder : .... d'une espèce

c. rencontrer : .... avec un spécialiste

d. raconter : .... d'une découverte

e. orienter : .... d'une recherche

f. entretenir : .... d'un parc

3 Ces mots ont un autre sens : associe les expressions des deux colonnes.

a. Il travaille dans la restauration. ● ● **1.** C'est un type bizarre !

b. C'est un drôle d'oiseau ! ● ● **2.** Je ne suis pas tout à fait d'accord.

c. C'est quoi cette faune ? ● ● **3.** Il est bon cuisinier.

d. Elle a su camper le personnage. ● ● **4.** Elle est bonne actrice.

e. J'émets quelques réserves. ● ● **5.** C'est qui ces gens ?

4 Retrouve le sens de ces expressions imagées liées au voyage. Associe.

a. Il m'a mené en bateau. ● ● **1.** Les problèmes ne font que commencer.

b. Le standardiste m'a envoyé promener. ● ● **2.** Il a très peu dormi.

c. Ce n'est pas le Pérou ! ● ● **3.** Il n'a pas voulu écouter ma demande.

d. On n'est pas sorti de l'auberge. ● ● **4.** Ce n'est pas grand chose !

e. Il a des valises sous les yeux. ● ● **5.** Il a voulu me faire croire à quelque chose.

Travaille à partir des pages Outils

Vocabulaire

échelle (n.f.)	escalader (v.) ....
falaise (n.f.)	flotter (v.) ....
palmier (n.m.)	longer (v.) ....
terrasse (n.f.)	refléter (se) (v.) ....
vase (n.f.)	

Situe-toi

1 Trouve les prépositions et les verbes correspondants. Aide-toi du tableau page 133.

	le lieu	la préposition qui permet de situer	le verbe qui indique le mouvement
a.	l'intérieur		
b.	l'extérieur		
c.	le côté		
d.	le tour		

2 Complète à l'aide de prépositions.

a. Elle travaille .... Besançon. Elle voyage souvent .... Amérique du Sud. Le mois dernier elle est allée pour son travail .... Chili et .... Bolivie.

b. Amélie passe ses vacances .... Maroc. Elle loue une maison .... Essaouira, elle a beaucoup d'amis qui résident .... cette ville. Elle peut ainsi aller .... eux très souvent.

3 Elle veut dire le contraire....

a. Nous travaillons *près* / .... de chez nous.

b. Mon bureau se trouve *au-dessus de* / .... celui de mon ami.

c. L'immeuble est situé *en haut* / .... de l'avenue des Ternes.

d. Je peux garer facilement ma voiture dans le parking *devant* / .... l'immeuble.

e. Ce qui est pratique, c'est que le self se trouve *à l'extérieur* / .... du bâtiment où l'on travaille.

f. Heureusement il y a un arrêt de bus juste *après* / .... le bureau.

4 Trouve les mots pour situer un déplacement.

Tu te souviens de la course-poursuite dans le film avec Matt Damon (*Jason Bourne*) ?

Il monte .... le train, descend .... wagon .... l'autre porte.

Puis, il se baisse pour passer .... une locomotive, court .... le pont, cherche l'escalier qui lui permet d'aller se cacher .... l'arche du pont.

Ensuite, il court .... le quai qui borde le canal, saute .... une péniche en train d'être déchargée et disparaît.

Leçon 13 — En voyage

5 Réponds à l'aide des verbes entre parenthèses. Utilise les auxiliaires *être* ou *avoir*.

a. Vous **avez traversé** la ville ?

– Non, je l'.. *(contourner)*

b. Vous .... la grande côte à la sortie ? *(monter)*

– Oui, nous .... par là. *(passer)*

c. Vous .... la voiture devant la maison ? *(garer)*

– Non, nous l'..dans la cour. *(rentrer)*

d. Vous... les bagages ? *(sortir)*

– Oui, nous les .... dans l'entrée. *(poser)*

e. Ah ! j'oubliais, vous .... un bon voyage ? *(faire)*

– Eh bien ! vous voyez, nous .... bien .... *(arriver)*

Entraîne-toi à l'Oral

Travaille les automatismes

 1 Réponds.

Exemple : a. *Vous allez à Bordeaux ?*

– *Oui, j'y vais.*

b. Vous venez de la réunion ?

– ....

c. Vous passez au bureau ?

– ....

d. Tu nous retrouves au café ?

– ....

e. Tu nous raconteras ton entretien ?

– ....

2 Étonne-toi comme dans l'exemple.

Exemple : a. *J'ai lu l'article, il faut le refaire.*

– *Ah ! Je dois le refaire.*

b. J'ai vu la scène, il faut la recommencer.

– ....

c. J'ai entendu le dialogue, il faut le redire.

– ....

Vérifie ta compréhension

 3 Écoute l'enregistrement et réponds aux questions.

Destination la butte

a. À quelle rubrique se rapporte ce document ?
○ tourisme ○ culture ○ société

b. Dans quel arrondissement se trouve la butte ?
○ 10ᵉ ○ 9ᵉ ○ 19ᵉ

c. Comment se nomme la butte ?
○ Pergeyre ○ Bergeyre ○ Vergeyre

d. De quelle hauteur la butte domine-t-elle Paris ?
○ 80 mètres ○ 90 mètres ○ 70 mètres

e. Combien de rues forment le quartier ?
○ 20 ○ 5 ○ 15

f. La journaliste évoque plusieurs fleurs, laquelle n'évoque-t-elle pas ?
○ jasmin ○ rosier ○ lavande ○ muguet

g. Parmi les curiosités on trouve :
○ la vigne ○ une statue récente ○ une publicité ancienne

Travaille à partir des pages Projets

Vocabulaire

archipel (n.m.)	ruisseau (n.m.)
canyon (n.m.)	sable (n.m.)
cap (n.m.)	torrent (n.m.)
cascade (n.f.)	versant (n.m.)
cime (n.f.)	ardent (adj.)
crique (n.f.)	argileux (adj.)
dune (n.f.)	cristallin (adj.)
exotisme (n.m.)	désertique (adj.)
falaise (n.f.)	paradisiaque (adj.)
fonte (n.f.)	raviné (adj.)
lagon (n.m.)	sauvage (adj.)
oasis (n.f.)	tropical (adj.)
pente (n.f.)	alimenter (v.)
pic (n.m.)	planer (v.)
ravin (n.m.)	serpenter (v.)
ruée (n.f.)	

Leçon 13 En voyage

Apprends le vocabulaire

1 Caractérise ces lieux avec un adjectif.

ardent – aride – bleu – caché – cristalline – fin – profond – tropical

a. une eau : ....

b. un lagon : ....

c. un ravin : ....

d. du sable : ....

e. une crique : ....

f. un désert : ....

g. un soleil : ....

h. une forêt :

2 Associe les mots des deux colonnes. Précise la différence.

a. un archipel ●   ● **1.** une rivière

b. un cap ●   ● **2.** une île

c. une crique ●   ● **3.** un golfe

d. un ravin ●   ● **4.** une péninsule

e. un ruisseau ●   ● **5.** une gorge

3 Emploie les verbes d'observation. Associe.

scruter – distinguer – regarder – remarquer – contempler – observer – surveiller

a. .... la réalité en face.

b. .... la règle.

c. .... la ligne d'horizon.

d. .... son adversaire.

e. .... un paysage.

f. .... le vrai et le faux.

g. .... un changement de comportement.

Vérifie ta compréhension

4 À quoi correspondent ces chiffres et ces pourcentages dans l'article « La population de Tahiti » (page 136) ?

a. 245 405 : ....

b. 127 600 : ....

c. 83% : ....

d. 12% : ....

e. 5% : ....

f. 45% : ....

g. 34% : ....

Tu vas apprendre à :

- décrire une tradition ;
- argumenter pour ou contre le maintien d'une tradition ;
- raconter une légende ;
- décrire une manifestation folklorique ;
- comprendre un ouvrage touristique.

Travaille à partir des pages Forum

Vocabulaire

cérémonial (n.m.)	barbare (adj.)
coutume (n.f.)	commercial (adj.)
discrimination (n.f.)	stupide (adj.)
justification (n.f.)	abandonner (v.)
monotonie (n.f.)	adopter (v.)
repère (n.m.)	attirer (v.)
rite (n.m.)	contenter (se) (v.)
suppression (n.f.)	imposer (v.)
usage (n.m.)	renouer (v.)

Vérifie ta compréhension

 Relis les pages 138–139 et attribue ces témoignages.

a. Il faut que la tradition ait une justification dans la société : ....

b. Il faut en finir avec les traditions stupides : ....

c. Il faut garder les traditions : ....

d. Toutes les traditions ne sont pas bonnes à garder : ....

e. Il faut redonner du sens aux traditions : ....

 À propos de quelle(s) tradition(s)...

a. Céline déclare qu'il faut en adopter d'autres ....

b. Sofiane regrette qu'on ait voulu l'imposer en France ....

c. Oriane déplore que certaines soient stupides ....

d. Géraldine souhaite qu'on lui redonne du sens ....

e. Maël pense que certaines sont à supprimer ....

Leçon 14 **C'est la tradition**

Apprends le vocabulaire

3 Forme des expressions.

renoncer – connaître – pratiquer – respecter – transmettre

a. Céline aime que l'année soit jalonnée de petits rites ; elle .... les traditions.

b. Il faut savoir .... à certaines pratiques comme le bizutage.

c. Pour s'adapter dans un pays étranger il faut en .... les usages.

d. La coutume des corridas dans le Sud de la France s'est .... de génération en génération.

e. Il y a une mosquée dans cette ville. Les musulmans peuvent y .... leur culte.

4 Lamentations et recommandations... Complète les expressions.

se perdre – mettre en pratique – avoir coutume – respecter – inventer – faire bon usage.

a. Les jeunes ne .... plus rien.

b. Les traditions ....

c. J'espère que tu en ....

d. N'oublie pas de .... ce que tu as appris.

e. La société est en train d'... de nouveaux rites.

f. Il n'... pas .... d'être en retard.

Travaille à partir des pages

Conjugue

1 Trouve le passé simple des verbes suivants.

Exemple : a. *Tordre le cou à la réalité : **Il tordit le cou à la réalité.***

b. Disparaître (*elle*) : .... sans laisser d'adresse.

c. Apercevoir (*il*) : .... son double dans le miroir.

d. Se souvenir (*nous*) : .... du temps qui passe.

e. Se produire (*vous*) : .... en concert.

f. Répondre (*ils*) : .... sans enthousiasme à l'invitation.

g. Dire (lui) (*elle*) : .... sa façon de penser.

h. Fixer (la) (*vous*) : .... droit dans les yeux.

2 **Passe du passé simple au passé composé. Reformule le texte suivant.**

Romain Gary **mourut** en 1968 quand **naquit** Émile Ajar qui lui, comme Romain Gary **mourut** en 1980. Romain Gary qui **connut** la célébrité très tôt, en 1945, avec son premier roman *Éducation européenne*, **reçut** le prix Goncourt en 1956 pour *Les Racines du ciel*.

Lassé de n'être reconnu que comme un bon romancier de tradition, il **décida** de renaître avec une nouvelle identité sous le nom de Émile Ajar. C'est en 1974 que **parut** *Gros*

Câlin, qui **connut** immédiatement un très gros succès. En 1975, il **obtint** pour la seconde fois le prix Goncourt avec *La Vie devant soi*. Les critiques **considérèrent** à l'époque qu'il s'agissait du « Goncourt le plus marquant de ces vingt dernières années ». C'est par un écrit posthume, *Vie et Mort* d'Émile Ajar, qu'il **révéla** le dédoublement qui lui **permit** de renaître comme écrivain.

 3 **Raconte : complète.**

a. Quand ils (*arriver*) *furent arrivés* en haut du Corcovado, ils (*s'arrêter*) .... pour contempler la ville.

b. Après qu'ils (*admirer*) .... la baie de Rio, ils (*décider*) .... de déjeuner là.

c. Dès qu'ils (*installer*) .... , ils (*commencer*) .... à évoquer les souvenirs de films liés au lieu.

d. Une fois qu'ils (*se réjouir*) .... avec ces souvenirs, ils (*convenir*) .... d'organiser une soirée pour revoir ces films.

e. Lorsqu'ils (*terminer*) .... de déjeuner, certains (*choisir*) .... de faire la descente à pied.

Situe-toi dans le temps

4 **À partir des éléments donnés, rédige l'article qui commence par :**

Mars 2005 : Costello est engagé par la société Equi'arm. C'est un ingénieur spécialiste des systèmes d'information ; il vient de la société Interexport.

Mai 2007 : Costello est recruté par les services de renseignement. Il occupe un poste important et il a accès à des dossiers « sensibles ».

Samedi 14 mai 2009 : Costello quitte Paris. Il prend à 18 heures le vol Air France 154 pour Rome.

Samedi 21 mai : Costello est vu à 13 heures dans un restaurant de la Piazza Navona à Rome.

Dimanche 22 mai : Costello est vu à 23 heures dans une boîte de nuit à Rome.

Lundi 23 mai : découverte de la disparition des disques de stockage des documents. Il est prouvé que les disques de stockage n'ont pu être dérobés que pendant le week-end.

Lundi 30 mai : retour de Costello.

Mardi 31 mai : arrestation de Costello.

C'est le dimanche 22 mai à 23 heures que ....

....

....

....

....

....

....

....

....

Leçon 14 C'est la tradition

Entraîne-toi à l'Oral

Vérifie ta compréhension

Dis si les affirmations suivantes sont vraies ou fausses.

a. Le narrateur passe ses vacances dans un château abandonné. ....

b. Il reçoit la visite d'une personne étrange. ....

c. Cette personne étrange loge dans le château. ....

d. Un matin le château semble habité par plusieurs personnes. ....

e. L'inconnu donne des explications au narrateur. ....

f. Le narrateur est témoin d'une scène de guerre. ....

Travaille à partir des pages Projets

Vocabulaire

affection (n.f.)	point d'orgue (n.m.) ......
ardoise (n.f.)	prise (n.f.) ......
baguette (n.f.)	proie (n.f.) ......
bouclier (n.m.)	tournois (n.m.) ......
bourse (n.f.)	attesté (adj.) ......
clairière (n.f.)	bannir (v.) ......
désespoir (n.m.)	combler (v.) ......
embarcation (n.f.)	cracher (v.) ......
fer (n.m.)	déployer (v.) ......
grenouille (n.f.)	dévorer (v.) ......
joute (n.f.)	emprisonner (v.) ......
lance (n.f.)	lâcher (v.) ......
licencié (n.m.)	maudire (v.) ......
masure (n.f.)	métamorphoser (v.) ......
pacte (n.m.)	ramasser (v.) ......
pitié (n.f.)	savamment (adv.) ......

Vérifie ta compréhension

1 Relis la légende des demoiselles coiffées (page 142). Corrige les phrases suivantes si c'est nécessaire et remets-les dans l'ordre de l'histoire.

a. Après avoir beaucoup voyagé, Guillaume rentre chez lui et retrouve la grenouille qui se transforme en jeune fille.
b. La jeune fille se révèle être une sorcière.
c. Un jour Guillaume sauve une grenouille qu'un loup s'apprêtait à dévorer.
d. Guillaume est transformé en oiseau.
e. Guillaume et sa mère habitent une belle demeure dans la montagne.
f. La jeune fille est métamorphosée en statue de pierre.
g. Guillaume reçoit de la grenouille une belle somme d'argent qu'il va dépenser à la ville.

....
....
....
....
....

2 Trouve le sens de ces expressions tirées du vocabulaire du merveilleux et du fantastique. Associe.

a. C'est magique !　　　　　　　　●　　　　●　**1.** Je vous pardonne. Je ne ferai pas de difficultés.
b. Ce n'est pas sorcier.　　　　　　●　　　　●　**2.** Il dévore.
c. Il a un appétit d'ogre.　　　　　●　　　　●　**3.** Il a dit tout le mal qu'il pensait.
d. Bon, je serai bon prince pour cette fois. ●　　●　**4.** Je n'y crois pas !
e. Il a craché tout son venin.　　　●　　　　●　**5.** Ce n'est pas difficile.

3 Relève dans le texte « Les joutes nautiques... » (page 144) tous les mots faisant allusion au combat.

....
....
....
....

4 Fabrique des titres de presse qui font allusion au combat : complète.

bataille – victoire – duel – lutte – résistance

a. .... entre la majorité et l'opposition à propos de la loi sur les heures supplémentaires.
b. .... contre l'inflation. Nouvelle mesure du gouvernement.
c. .... de procédures à l'Assemblée nationale. L'opposition fait tout pour retarder le vote.
d. .... du « non » au référendum. Le gouvernement mis en échec.
e. .... du gouvernement malgré les grèves qui durent.

Leçon 15 — **Attention fragile !**

Tu vas apprendre à :

- argumenter à propos d'un problème d'environnement ;
- décrire un lieu de vie ;
- décrire un mode de consommation ;
- parler de relations sociales.

Travaille à partir des pages **Forum**

Vocabulaire

bouquetin (n.m.) ....
chamois (n.m.) ....
gaillard (n.m.) ....
hypocrisie (n.f.) ....
loi (n.f.) ....
accablant (adj.) ....
aseptisé (adj.) ....
autoritaire (adj.) ....

pervers (adj.) ....
défricher (v.) ....
détraquer (v.) ....
empêcher (v.) ....
piétiner (v.) ....
piller (v.) ....
prendre la pose (loc. verb.) ....

Vérifie ta compréhension

 1 Relis l'article sur les parcs régionaux (page 146).

a. Développe les idées suivantes :

— Le comportement des animaux sauvages dans les parcs régionaux a changé.

....

....

— Le comportement des touristes a changé.

....

....

b. Relève le passage qui exprime l'exaspération de l'auteur.

....

....

Apprends le vocabulaire

 2 Écologie : donne le substantif et forme l'expression.

Exemple : a. *sauver* : *le sauvetage de la faune et de la flore.*

b. punir : .... par la loi.

c. appliquer : .... des textes.

d. protéger : .... des espèces.

e. disparaître : .... de variétés rares.

f. prescrire : .... d'une mesure.

 3 Caractérise avec un adjectif.

accablant – autoritaire – inquiétant – irréfléchi – sauvage

a. Cette commune connaît une urbanisation .... On construit n'importe où.

b. Le journal local a publié des articles .... sur la dégradation du paysage.

c. L'administration a fait un rapport .... sur cette situation.

d. Le préfet menace de prendre des mesures ....

e. Tout cela est dû à la politique .... de la précédente municipalité.

 4 Trouve un synonyme.

diriger – être dangereux pour – modifier – saccager

a. Piller la planète : ....

b. Menacer l'équilibre : ....

c. Changer le comportement : ....

d. Braquer sa caméra : ....

 5 Donne le sens de ces expressions imagées en utilisant les mots suivants.

dangereux – dynamique – réutiliser – s'améliorer

a. Leurs relations se sont réchauffées : ....

b. Encore une conférence qu'il a recyclée : ....

c. Elle déborde d'énergie, une vraie pile ! : ....

d. Notre banque détient beaucoup d'actions toxiques : ....

Leçon 15 — Attention fragile !

Travaille à partir des pages Outils

Vocabulaire

autorisation (n.f.) ....
zone (n.f.) ....
impératif (adj.) ....

prioritaire (adj.) ....
réglementer (v.) ....
sauvegarder (v.) ....

Transforme

1 Reformule ces phrases et fabrique des titres.

Exemple : a. *Le stade a été inauguré.* → *Inauguration du stade.*

b. La grève se poursuit. → ....

c. Les employés manifestent. → ....

d. Les délégués syndicaux se réunissent. → ....

e. Les négociations échouent. → ....

f. Le maire est élu. → ....

2 Crise... Transforme en utilisant un double pronom.

Exemple : a. *Tu as parlé de Clara à Lionel ?* – *Oui, je lui ai parlé d'elle.*

b. Il lui dira la vérité ? – Oui, ...

c. Elle va aussi te demander des explications ? – Oui, ...

d. Tu lui as proposé de la voir ? – Oui, ...

e. Il t'a raconté qu'elle l'a menacé ? – Oui, ...

Travaille les automatismes

3 C'est un ordre ! Donne-le comme dans l'exemple.

Exemple : a. *Tu dois expliquer les circonstances de l'accident aux agents.* **Explique-les leur !**

b. Tu dois montrer les papiers de la voiture à l'Inspecteur. ....

c. Tu dois donner ton numéro de contrat à l'assureur. ....

d. Tu dois proposer à l'autre conducteur de remplir un constat. ....

e. Tu dois montrer ta carte grise aux agents. ....

Entraîne-toi à l'Oral

Travaille les automatismes

1 Tu l'as déjà fait... Transforme.

Exemple : a. *J'ai dit à Éric d'appeler plus souvent.* – *Je le lui avais dit aussi.*

b. J'ai demandé à Magali de téléphoner plus régulièrement. – _____

c. J'ai proposé à Nora de venir davantage. – _____

d. J'ai promis à Annie d'aller la voir. – _____

e. J'ai confirmé à Pierre notre arrivée. – _____

2 Préoccupations touristiques. Confirme comme dans l'exemple.

Exemple : a. *Tu as indiqué l'itinéraire au client ?* – *Je le lui ai indiqué.*

b. Tu as donné la carte touristique à la cliente ? – _____

c. Tu as demandé au groupe ce qu'il préférait ?– _____

d. Tu as fait la proposition d'excursion aux vacanciers ?– _____

e. Tu as offert nos services aux accompagnateurs ? – _____

3 Météo politique. Fabrique des titres en transformant les verbes.

Exemple : a. *Les sondages baissent.* ➜ *Baisse des sondages.*

b. Les difficultés s'accumulent. ➜ _____

c. Les syndicats protestent. ➜ _____

d. Les partis s'affrontent.➜ _____

e. Le gouvernement démissionne.➜ _____

f. L'opposition est victorieuse. ➜ _____

g. La majorité est battue. ➜ _____

Vérifie ta compréhension

4 Écoute l'enregistrement et réponds aux questions.

a. Il s'agit :

◯ d'un bulletin d'information   ◯ d'un bulletin météo   ◯ d'un communiqué du ministère de la Santé

b. Cette information est diffusée :

◯ au printemps   ◯ au début de l'été   ◯ pendant les vacances d'été

c. Les températures vont :

◯ baisser   ◯ monter   ◯ rester stables

d. Cela concerne :

◯ certaines régions   ◯ le sud de la France   ◯ toute la France

e. Pour cette époque de l'année, les températures sont :

◯ habituelles   ◯ inhabituelles   ◯ on ne sait pas

f. Indiquez les températures des villes suivantes :

Strasbourg : ....   Toulouse : ....   Lille : ....

g. Dans quelle ville fera-t-il le plus chaud ? ....

h. Les conseils concernent :

◯ les gens qui travaillent   ◯ la circulation   ◯ les personnes âgées

i. Quels types de services peuvent être contactés :

◯ Assistance médicale   ◯ Assistance routière   ◯ Assistance sociale

j. Notez deux numéros :

SAMU : ....   Pompiers : ....

Travaille à partir des pages Projets

Vocabulaire

décalage (n.m.)	phyto-épuration (n.f.) ....
égoïsme (n.m.)	prépaiement (n.m.) ....
éolienne (n.f.)	réticence (n.f.) ....
grillade (n.f.)	convivial (adj.) ....
maraîcher (n.m.)	homogène (adj.) ....
marronnier (n.m.)	décrocher (v.) ....
mensonge (n.m.)	émerger (v.) ....
panneau (n.m.)	mobiliser (v.) ....
pause-café (n.f.)	perpétuer (v.) ....

Vérifie ta compréhension

1 Relis le texte « Seul sur une île » (page 150). Cherche si ces affirmations sont vraies ou fausses.

a. Quéménès se situe à la pointe du Finistère. ....

b. Depuis 2006, Soizic et David vivent à Quéménès. ....

c. Le village compte une trentaine d'habitants. ....

d. Soizic et David ont signé un contrat de neuf ans avec le Conservatoire du littoral. ....

e. Soizic et David ont installé 80 panneaux scolaires. ....

f. David est également vendeur dans un club de plongée. ....

g. Un autre couple a tenté l'expérience avec eux. ....

h. Soizic et David n'ont plus la même vision de la vie. ....

2 Forme une expression avec un nom de matériau et trouve le trait de personnalité correspondant.

Matériaux : *bois – pierre – fer – plomb – acier – or*
Traits de personnalité : *autorité – générosité – hypocrisie – insensibilité – opiniâtreté – sang-froid*

a. Une volonté de ....

b. Un cœur de ....

c. La langue de ....

d. Des nerfs d' ....

e. Un cœur d' ....

f. Une main de ....

3 Décrire des personnes ou des relations entre les personnes. Associe sens et expression.

a. C'est une vraie pile électrique. ●   ● **1.** Leur relation est sous tension.

b. Il y a de l'électricité dans l'air. ●   ● **2.** À la première difficulté, il est perdu.

c. Ils sont en froid depuis une semaine. ●   ● **3.** Il est très réactif.

d. Il y a de l'eau dans le gaz. ●   ● **4.** Il est opportuniste.

e. Il a de l'énergie à revendre. ●   ● **5.** Ça ne va pas entre eux.

f. Il se noie dans un verre d'eau. ●   ● **6.** Il est toujours disponible pour faire quelque chose.

g. Il suit le sens du vent. ●   ● **7.** Ils ne se parlent plus.

4 À qui peuvent s'appliquer les expressions suivantes ?

(1) le négociateur   (2) le policier malhonnête   (3) le philosophe opportuniste   (4) le meurtrier   (5) le militant déçu

a. Il l'a refroidi. ....

b. C'est une machine à recycler les idées des autres. ....

c. Ils se sont fait récupérer. ....

d. Il souffle le chaud et le froid. ....

e. C'est une ordure ! ....

5 Lis l'article « Une nouvelle façon de consommer » (page 152) et dis sur quoi sont fondées ces nouvelles relations. Aide-toi du tableau.

a. Modalités de l'échange : ....

b. Type de marchandise fournie (quantité) : ....

c. Nature de la marchandise fournie (qualité) : ....

d. Intérêt pour le consommateur : ....

e. Intérêt pour le producteur : ....

Leçon 16 / Et si on sortait ?

Tu vas apprendre à :

- comprendre un programme de spectacles ;
- donner ton opinion sur un spectacle ;
- présenter un spectacle en décrivant ses éléments (histoire, personnages, décor, etc.) ;
- comprendre un guide touristique ;
- présenter un lieu historique.

Travaille à partir des pages Forum

Vocabulaire

adversaire (n.m.)	raison (n.f.) ....
condition (n.f.)	réminiscence (n.f.) ....
épée (n.f.)	vampire (n.m.) ....
hasard (n.m.)	bataille (n.f.) ....
illusionniste (n.m.)	fantastique (adj.) ....
improvisation (n.f.)	favorite (adj.) ....
maladresse (n.f.)	invaincu (adj.) ....
mystère (n.m.)	rôdé (adj.) ....
mythe (n.m.)	alterner (v.) ....
naïveté (n.f.)	manier (v.) ....
racine (n.f.)	tailler des costumes (exp. verbale) ....

Vérifie ta compréhension

1   De qui parle-t-on ?

a. Elle chante en breton mais aussi en gaélique irlandais, en anglais et en français :

....

b. Ils sont nostalgiques de la grande époque du rap français :

....

c. Il s'inspire du mythe de Dracula :

....

d. Il restitue la force comique, la naïveté, la maladresse et la folie du personnage :

....

e. Un humoriste chaleureux et sympathique :

f. Il fait voler les pianos et disparaître ses partenaires à une vitesse incroyable :

g. Elle part favorite devant son public :

Apprends le vocabulaire

2 Caractérise avec un adjectif.

Exemple : a. *un spectacle plein d'originalité* : **un spectacle original**

b. un personnage tout en maladresse et naïveté :

c. une présence pleine de douceur et de mystère :

d. Un humoriste qui attire la sympathie :

e. Une soirée sous le signe de la nostalgie :

3 Porter un jugement. Complète avec un de ces verbes.

proposer – donner – prouver – rendre – savoir

a. Il .... au personnage toute sa force.

b. Elle .... faire rêver ses fans.

c. Il .... un spectacle qui ne manque pas de rythme.

d. Elle .... avec ce concert qu'elle a beaucoup progressé.

e. Par son talent, il .... cette soirée inoubliable.

4 Qu'est-ce qui l'intéresse ?

a. Il a un abonnement à la Comédie française :

b. Il adore les vieux films italiens :

c. Il ne manquerait pas un match :

d. Il ne raterait pas un concert :

e. Il est fan des spectacles où l'on chante et où l'on danse :

Travaille à partir des pages Outils

Vocabulaire

bande dessinée (n.f.) ....   vignette (n.f.) ....

dessinateur (n.m.) ....

Leçon 16 / Et si on sortait ?

Place les adjectifs

1 Souvenirs : caractérise les mots en gras avec l'adjectif entre parenthèses.

Exemple : *(belle)* C'était une *belle* **journée** d'août.

(isolé) Nous avions choisi un **village** pour ces premières vacances passées ensemble.

(vieille) Nous avions loué une **maison** très bien restaurée avec *(ombragée)* une **terrasse** où nous déjeunions.

(jeune), (charmant) Là nous avons rencontré un **couple** d'Italiens qui, comme nous, cherchait à passer *(tranquilles)* des **vacances**.

(différente) Tous les jours nous allions sur une **plage** : un soir, la voiture tomba en panne d'essence. *(vieux)* Un **paysan** accepta de nous aider. Il nous emmena dans la maison où il vivait : *(typique)* c'était une **maison** de la région d'où nous avons pu téléphoner. *(grillé)* La soirée s'est terminée autour de **poissons** et *(délicieux, blanc, local)* d'un **vin**.

2 Retrouve le titre de ces livres ou films : place l'adjectif comme il convient.

a. (belle) Une fille comme moi : ....

b. (rouges) La Femme aux bottes : ....

c. (magique) La Montagne : ....

d. (rasé) L'Homme au crâne : ....

e. (beau) Masque : ....

f. (fabuleux) Le Destin d'Amélie Poulain : ....

g. (sentimentales) Les Destinées : ....

h. (effroyables) Jardins : ....

i. (long) Un dimanche de fiançailles : ....

j. (meilleur) Mon ami : ....

k. (vieille) Une maîtresse : ....

Mets en valeur

3 Écris ces phrases en commençant par *c'est* ou *ce sont* suivi des mots soulignés.

a. Les Français apprécient de plus en plus <u>la cuisine venue d'ailleurs</u>.

....

b. Les changements de goûts alimentaires des Français s'expliquent par <u>l'immigration et les voyages.</u>

....

c. Ces dernières années, on a remplacé dans les écoles les frites par <u>les légumes verts</u>.

....

d. Depuis quelques années, le public plébiscite <u>les produits diététiques</u>.

....

e. Dans les déjeuners de travail, <u>la bouteille d'eau minérale</u> remplace la bouteille de vin.

....

Préparatifs de fête : confirme.

Exemple : a. *Pierre s'occupe des boissons. – Oui, c'est ce dont il s'occupe.*

b. François s'occupe de la décoration. – ....

c. Anne s'occupe de la musique. – ....

d. Olivier s'occupe des cartons d'invitation. – ....

e. Annick s'occupe du traiteur. – ....

Entraîne-toi à l'Oral

Travaille les automatismes

 Utilise *ce qui, ce que, ce dont*, etc.

Exemple : a. *Le temps qui passe me désespère.* ***Ce qui me désespère, c'est le temps qui passe trop vite.***

b. J'aimerais avoir plus de loisirs.

....

c. J'ai besoin de te voir plus souvent.

....

d. J'ai envie de partir en vacances quelques jours avec toi.

....

e. Je pense à un week-end prolongé à Prague.

....

Travaille à partir des pages Projets

Vocabulaire

ange (n.m.)	façade (n.f.)	crépusculaire (adj.) ....
angoisse (n.f.)	haras (n.m.)	épuisé (adj.) ....
apothicaire (n.m.)	mouette (n.f.)	irrésistible (adj.) ....
barque (n.f.)	orangerie (n.f.)	nuancé (adj.) ....
belvédère (n.m.)	pilastre (n.m.)	piéton (adj.) ....
charlatan (n.m.)	portail (n.m.)	trempé (adj.) ....
clocher (n.m.)	prophète (n.m.)	abriter (v.) ....
communauté (n.f.)	saint (n.m.)	brûler (v.) ....
couvent (n.m.)	sincérité (n.f.)	duper (v.) ....
dédale (n.m.)	verrier (n.m.)	étaler (v.) ....
dépendance (n.f.)	vestige (n.m.)	feindre (v.) ....
dôme (n.m.)	bucolique (adj.)	gommer (v.) ....
dramaturge (n.m.)	cocasse (adj.)	suicider (se) (v.) ....

Leçon 16 — Et si on sortait ?

Vérifie ta compréhension

1 Retrouve ces lieux de la ville de Saintes (pages 158–159).

a. Il abrite le musée des Beaux-Arts : ....

b. Il abrite une orangerie : ....

c. C'est le siège de la médiathèque municipale : ....

d. Elle est surmontée d'un dôme de plomb : ....

e. Il est bordé de vieux hôtels du XVIIe siècle : ....

Apprends le vocabulaire

2 Trouve un synonyme aux adjectifs de la liste de vocabulaire.

a. bucolique : un paysage ....

b. cocasse : une situation ....

c. nuancé : un jugement ....

d. crépusculaire : une vision ....

e. irrésistible : une femme ....

f. épuisé : un ordre du jour ....

3 Forme des expressions avec les verbes de la liste de vocabulaire.

a. .... son savoir

b. .... les étapes

c. .... les différences

d. .... son entourage

e. .... l'indifférence

4 Références culturelles. Recherche à qui ou à quoi renvoient les noms de lieu.

a. rue Victor-Hugo : ....

b. quai de Verdun : ....

c. hôtel d'Argenson : ....

d. arc de Germanicus : ....

e. cathédrale Saint-Pierre : ....

Schéma pour réaliser l'exercice 1 de l'Entraînement page 162 du livre de l'élève.

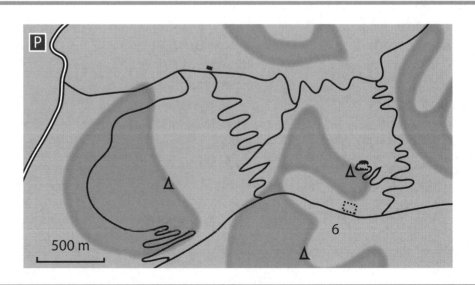

500 m

Préparation au DELF B1

Compréhension de l'oral

Écoutez le document sonore et répondez aux questions.

a. Vous venez d'entendre :

○ une interview ?   ○ un reportage ?   ○ une émission de radio ?

b. Comment s'appelle le programme ?

....

c. À quel document fait allusion la présentatrice ?

....

d. Quelle est l'information principale donnée par ce document ?

....

e. Le document parle :

○ d'une enquête sur les pratiques des internautes.

○ du temps passé à surfer ou devant la télévision.

○ du type d'achat culturel effectué en ligne.

○ du classement des sites culturels.

○ des causes de la faiblesse des pratiques culturelles des Français.

f. Retrouve les chiffres correspondant à ces données :

– Nombre d'internautes connectés quotidiennement : ....

– Temps journalier de connexion : ....

– Temps moyen quotidien passé devant la télévision : ....

– Pourcentage de personnes n'ayant pas lu un seul livre pendant les douze derniers mois : ....

Compréhension des écrits

Lisez l'article « Ne range pas ta chambre » et répondez aux questions.

NE RANGE PAS TA CHAMBRE !

Arrêtez de ranger les chambres de vos enfants et de classer votre courrier, si vous ne voulez pas devenir un esprit stérile. Telle est la théorie défendue par Abrahamson et Freedman, deux chercheurs américains, dans *Un peu de désordre = beaucoup de profits* (Flammarion). Dans tout système, il existerait selon eux, une dose optimale de désordre. Juste ce qu'il faut pour laisser émerger des connexions inédites et donc inventer. « La quantité d'informations d'un système s'accroît si le système est aléatoire », résument-ils. Exemple : si Fleming avait rangé sa paillasse, il n'aurait pas laissé moisir un morceau de pain, et n'aurait pas découvert la pénicilline. *Idem* pour le Nylon, le rayonnement fossile du big bang, etc. Vous pensez qu'il vaut mieux trier un jeu de cartes pour y retrouver quatre cartes ? Faux, car si vous mettez quatre secondes de moins pour trouver les cartes dans un jeu trié, il vous aura fallu 140 secondes pour ranger le jeu. Vous aurez donc encore perdu 136 secondes. Rien ne sert de trop ranger. D'ailleurs, le monde vit dans le désordre : la génétique, les circuits électroniques...

Le Point

a. Quel est le conseil donné au début de l'article ?

....

b. Quel est le titre de l'ouvrage de Abrahamson et Freedmann ?

....

c. Trouvez l'explication donnée par les auteurs.

....

d. À quels domaines appartiennent les exemples choisis ? Citez-les et classez-les.

....

....

....

....

Production orale

> **Lisez cet entretien. Faites ensuite un exposé de trois minutes sur la manière dont cette chef se voit, sur ses sources d'inspiration et sur les conseils qu'elle donne.**

Secouons nos plats routiniers : rien de tel que d'inventer en cuisine !
Élysée Padilla, qui dirige le restaurant « Terre de saveur », en Avignon, estime que « la cuisine est un art qui doit se réinventer chaque jour ».

Qu'est-ce qu'un chef cuisinier : un créateur ? un artiste ?
Soyons précis, c'est un transformateur. Créer en cuisine, c'est prendre une recette et la transformer, la manipuler, y mettre sa touche.

Votre cuisine est internationale. La diriez-vous nomade ?
Je puise des idées partout, dans les romans d'aventure où l'on parle de nourriture, dans les livres de cuisine andalouse de l'époque médiévale... Quand je voyage, je cherche dans les marchés, je m'informe sur les produits locaux, les légumes, les fruits, j'ouvre mon esprit à toute nouveauté. Je conseille toujours d'oser interroger les habitants du pays (surtout les anciens) sur leur façon de préparer leurs épices et d'apprêter leurs spécialités.

Y a-t-il des erreurs majeures à éviter pour créer en cuisine ?
Non, les découvertes se font sur des erreurs. Il faut se sentir libre. Une seule règle à respecter : s'interdire d'exciter le palais par une utilisation abusive de sel, de sucre, de crème, d'épices ou d'alcool. À partir de là, on improvise, c'est-à-dire qu'on prend une recette et qu'on l'accommode selon l'inspiration du moment. On peut modifier les proportions, le sucré, le salé, l'acide, le farineux, le pulpeux, etc. Ne jamais hésiter à diversifier les saveurs !

Production écrite

Vous vous souciez de l'environnement dans votre vie quotidienne. Parlez de votre comportement au quotidien et de celui de ceux qui vous entourent. Dites ce qu'il faudrait faire pour que se développe un comportement écologiste. (150 mots environ).

Portfolio **Passeport**

Ce portfolio est ton passeport pour la maîtrise du français.

Tu pourras le présenter :

- si tu changes de lycée ;
- si tu t'inscris dans une école de langues, une université ou une école spécialisée (école de commerce, etc.) ;
- quand tu rechercheras un stage ou un emploi qui nécessite la connaissance d'une langue étrangère.

Ce portfolio comporte :

1. **Le passeport :** il présente les compétences recommandées par le Cadre européen pour le niveau B1.

2. **Ta biographie langagière** où tu noteras l'histoire de ton apprentissage du français.
Tu pourras commencer à remplir cette partie dès la leçon 0.
Tu la compléteras ensuite selon tes expériences (voyages, lectures, films, etc.).

3. **Une partie « Compétences ».** Pour chacune des quatre unités, tu trouveras :

- **une liste des savoir-faire travaillés dans l'unité.** Pour chaque savoir-faire tu noteras ton niveau

de compétence : **+** si la compétence est acquise ;

0 si la compétence est en cours d'acquisition ;

– si tu n'as aucune compétence dans ce savoir-faire.

Tu commenceras à remplir la partie « Compétences » à la fin de l'unité 1. Puis, à la fin de l'unité 2, tu referas le point sur la liste des compétences de l'unité 1 qui n'étaient pas acquises et tu rempliras la partie « Unité 2 » et ainsi de suite à la fin de chaque unité.

Extrait du passeport de langues (Conseil de l'Europe) – Niveau B1

Comprendre	♦ **Écouter :** Je peux comprendre les points essentiels quand un langage clair et standard est utilisé et s'il s'agit de sujets familiers concernant le travail, l'école, les loisirs, etc. Je peux comprendre l'essentiel de nombreuses émissions de radio ou de télévision sur l'actualité ou sur des sujets qui m'intéressent à titre personnel ou professionnel si l'on parle d'une façon relativement lente et distincte.
	♦ **Lire :** Je peux comprendre des textes rédigés essentiellement dans une langue courante ou relative à mon travail. Je peux comprendre la description d'événements, l'expression de sentiments et de souhaits dans des lettres personnelles.
Parler	♦ **Prendre part à une conversation :** Je peux faire face à la majorité des situations que l'on peut rencontrer au cours d'un voyage dans une région où la langue est parlée. Je peux prendre part sans préparation à une conversation sur des sujets familiers ou d'intérêt personnel ou qui concernent la vie quotidienne (par exemple famille, loisirs, travail, voyage et actualité).
	♦ **S'exprimer oralement en continu :** Je peux articuler des expressions de manière simple afin de raconter des expériences et des événements, mes rêves, mes espoirs ou mes buts. Je peux brièvement donner les raisons et explications de mes opinions ou projets. Je peux raconter une histoire ou l'intrigue d'un livre ou d'un film et exprimer mes réactions.
Écrire	Je peux écrire un texte simple et cohérent sur des sujets familiers ou qui m'intéressent personnellement. Je peux écrire des lettres personnelles pour décrire expériences et impressions.

Ma biographie langagière

Mes langues

- **Ma langue maternelle (mes langues maternelles) :** ....

- **Mes autres langues**

Indique tes compétences TB (très bien) – B (bien) AB (assez bien) Q (quelques mots)	parlée	comprise à l'oral	lue	écrite
....	....	....	....	....
....	....	....	....	....
....	....	....	....	....
....	....	....	....	....
....	....	....	....	....

Mon apprentissage du français

LIEU Indique le pays, la région, l'école, le lieu de stage, le professeur particulier ou la personne avec qui tu as appris.	DURÉE	TYPE D'APPRENTISSAGE Indique le nom du livre si tu t'en souviens.
....	....	....
....	....	....
....	....	....
....	....	....
....	....	....
....	....	....
....	....	....

Mes rencontres avec le français

Pour chaque rubrique, note dans la colonne de gauche ce que tu as fait, lu, écouté et qui t'a particulièrement marqué.
Complète la colonne de droite tout au long de ton apprentissage avec *Écho A2*.

1. Mes voyages dans les pays francophones.

2. Les chaînes télé ou les émissions francophones que je regarde.

3. Les radios francophones que j'écoute.

4. Les journaux et les magazines que je lis.

5. Les films francophones que j'ai vus en version originale (VO).

6. Les chansons francophones que je comprends ou que je connais.

7. Les BD (bandes dessinées) ou les livres que j'ai lus.

Bilan Unité 1

Fais le point

+ presque toujours (la compétence est acquise)

0 quelquefois (la compétence est en cours d'acquisition)

– jamais

Écouter et parler

Je peux comprendre des informations relatées à la télévision, à la radio, sur les réseaux sociaux ou par une personne présente et portant sur les sujets suivants :	–	0	+
• l'actualité			
• un événement simple de l'histoire d'un pays (guerre, changement de régime politique, etc.)			
• le cinéma			
• la musique et la chanson			

À propos d'un événement, je peux comprendre et exprimer :	–	0	+
• les circonstances de l'événement			
• le degré de vérité de l'information, un doute ou une certitude			
• la chronologie d'une suite de faits			
• une opinion morale			
• l'intérêt ou l'indifférence			
• comment j'aurais agi dans les mêmes circonstances			

Dans une relation familiale, amicale ou professionnelle, je peux comprendre et exprimer :	–	0	+
• une promesse, de la satisfaction ou de la déception			
• un espoir ou un regret			
• accuser quelqu'un de mentir, de tromper quelqu'un, de dissimuler			
• des hypothèses, des suppositions sur l'identité d'une personne ou d'un objet			

Je peux réagir dans les situations suivantes :	–	0	+
• la disparition d'un objet qui m'appartient			
• la recherche d'une information			
• l'annonce d'une nouvelle agréable			
• l'annonce d'une nouvelle désagréable			

Lire

Je peux comprendre l'essentiel de l'information :	–	0	+
• d'une nouvelle brève de presse			
• d'un article d'une vingtaine de lignes relatant un fait divers (délit, catastrophe, événement de l'actualité politique ou sociale)			
• d'un article bref portant sur l'histoire récente			
• d'un article relatant un fait insolite			
• une critique de film			

Écrire

Je peux :	–	0	+
• relater par écrit un événement personnel ou de l'actualité en indiquant ses circonstances			
• relater une succession de faits			
• réagir sur Internet ou par courrier à un événement en donnant brièvement son opinion			
• écrire une lettre formelle ou amicale pour demander des informations			

Bilan Unité 2

Notes obtenues aux contrôles en classe	⋮

....

....

....

Fais le point ⋮

+ presque toujours (la compétence est acquise)

0 quelquefois (la compétence est en cours d'acquisition)

– jamais

Écouter et parler

Je peux comprendre une conversation sur les sujets suivants et y participer :	–	0	+
• des projets relatifs à ma vie d'étudiant, à ma vie personnelle ou à mon environnement			
• l'éducation et le système éducatif en France et dans mon pays			
• l'économie			
• les villes et l'urbanisme			
• la politique en France et dans mon pays			

Sur ces sujets et sur les autres sujets que j'ai abordés précédemment je peux :	–	0	+
• exposer les avantages et les inconvénients d'une idée ou d'un système			
• présenter un projet et son déroulement			
• présenter le déroulement d'un projet passé. Dire s'il a été un succès ou un échec			
• exposer les causes d'un fait			
• exposer les conséquences d'un fait			
• exprimer des sentiments positifs ou négatifs			

Je peux me débrouiller oralement dans les situations où il faut :	–	0	+
• présenter un problème			
• critiquer ou réprouver un fait			
• obtenir des renseignements sur mes droits			
• faire valoir mes droits			
• déconseiller ou interdire quelque chose à quelqu'un			
• demander une autorisation			
• autoriser quelqu'un à faire quelque chose			
• convaincre quelqu'un			

Lire

Je comprends :	–	0	+
• une information sur un produit ou un secteur de l'économie			
• un article de presse portant sur l'éducation			
• un article de presse portant sur des faits de l'actualité			
• une lettre, un message ou un panneau relatifs à mes droits et à mes obligations			
• des articles de presse relatifs à la vie de la ville ou de la région			

Écrire

Je peux :	–	0	+
• rédiger brièvement un projet portant sur un sujet qui m'est familier			
• rédiger une opinion sur un sujet familier			

Bilan Unité 3

....

....

....

Fais le point

+ presque toujours (la compétence est acquise)

0 quelquefois (la compétence est en cours d'acquisition)

– jamais

Écouter et parler

Lorsqu'on aborde les sujets suivants, je comprends, je peux participer activement à la conversation et donner mon opinion :	–	0	+
• les humoristes			
• l'adaptation à une autre culture			
• les souvenirs			
• la sécurité urbaine			
• les vêtements et les modes			
• les langues régionales			
• la santé			
• les activités sportives			

Je peux réagir :	–	0	+
• quand je veux accepter ou refuser une proposition			
• lorsque mon interlocuteur est désagréable avec moi (grossier, agressif, médisant, etc.)			
• quand un professionnel de la santé m'interroge			

Je peux raconter ou décrire :	–	0	+
• un souvenir			
• le comportement d'une personne			
• une rencontre avec une personne			
• un problème de santé (exposer des symptômes et des antécédents)			

Lors d'un débat	–	0	+
• je peux lancer le débat en posant le problème principal et en présentant les participants			

Lire

Je peux comprendre l'essentiel des informations quand je lis un des textes suivants :	–	0	+
• un article ou un extrait d'ouvrage à caractère biographique			
• un souvenir portant sur une situation quotidienne			
• un texte d'opinion sur un problème général sur la sécurité ou l'éducation			
• un forum Internet portant sur un sujet que je connais			
• des conseils de santé ou sur une pratique sportive			

Écrire

Je peux rédiger :	–	0	+
• une lettre ou un message où je donne des conseils pour s'adapter à mon pays			
• une présentation d'une série télévisée			
• mon opinion ou mon témoignage sur un forum internet portant sur un sujet qui m'est familier			
• une protestation ou une réclamation argumentée sous forme de tract, de pétition ou de lettre ouverte			
• un blog dans lequel je raconte des souvenirs, je commente des photos, j'expose des opinions et j'insère des citations			

Bilan Unité 4

Notes obtenues aux contrôles en classe

....

....

....

Fais le point

+ presque toujours (la compétence est acquise)

0 quelquefois (la compétence est en cours d'acquisition)

– jamais

Écouter et parler

Je peux comprendre et participer à une conversation qui aborde les sujets suivants :	–	0	+
• une région et ses paysages			
• des modes de vie particuliers			
• des rites et des traditions			
• des fêtes			
• la protection de l'environnement			
• l'urbanisme			
• les modes de consommation			
• les spectacles et les festivals			

Je peux :	–	0	+
• présenter ma région ou une région que je connais bien, en décrire les paysages, son climat ; parler des modes de vie de ses habitants			
• présenter une tradition, une fête, un événement folklorique			
• présenter une réalisation ou une expérience en relation avec des préoccupations écologiques			
• raconter et commenter un spectacle			

Lire

Je peux lire en repérant l'essentiel des informations :	–	0	+
• un ouvrage à caractère touristique (par exemple : un guide de voyage)			
• le récit d'une légende			
• la description d'une manifestation traditionnelle			
• des articles de presse ou des extraits d'ouvrages grand public traitant d'environnement ou d'urbanisme			
• un programme détaillé de spectacle			
• une critique de spectacle			

Écrire

Je peux :	–	0	+
• écrire une lettre, une carte postale ou un carnet de voyage où je décris les caractéristiques physique et humaine d'une région			
• raconter brièvement une légende			
• décrire brièvement une fête ou une manifestation folklorique			
• décrire dans une correspondance familière un projet personnel de mode de vie (changement d'environnement, de mode de consommation, etc.)			
• décrire spectacle que j'ai vu et donner mon opinion			

Notes

Notes

Projet : 10232399

Imprimé en janvier 2017 en Italie par   Grafica Veneta